Karl Marx

Secret Diplomatic History of the Eighteenth Century

一八世紀の秘密外交史

ロシア専制の起源

カール・マルクス

カール・アウグスト・ウィットフォーゲル 序

石井知章＋福本勝清 編訳

周雨霏 訳

白水社

一八世紀の秘密外交史——ロシア専制の起源

Secret Diplomatic History of the Eighteenth Century
by Karl Marx
Edited by his daughter
Eleanor Marx Aveling

London: SWAN SONNENSCHEIN & CO., Limited.1899

一八世紀の秘密外交史＊目次

装幀＝コバヤシタケシ　組版＝鈴木さゆみ

凡例

一、本書は、マルクスの娘エリノアによって編集された *Secret Diplomatic History of the Eighteenth Century* (London: SWAN SONNENSCHEIN & CO., Limited.1899) を底本とし、このエリノア版によって省略された部分は一八五六年から五七年にかけて刊行されたフリープレス版に依拠している。

一、本書の章題は、石堂清倫訳『十八世紀の秘密外交史』（三一書房、一九七九年）に従った。

一、ウィットフォーゲルによる序は、Karl Marx, *Enthüllungen zur Geschichte der Diplomatie im 18. Jahrhundert*; übersetzt von Elke Jessett und Iring Fetscher ; herausgegeben und eingeleitet von Karl August Wittfogel; mit einem Vorwort von G.L. Ulmen; Suhrkamp: Frankfurt am Main, Germany, 1981 による。

一、MEW（Marx-Engels-Welke）の翻訳は、『マルクス・エンゲルス全集』（大月書店）に依っている。

一、原文中のイタリック体で示された箇所には、原則として強調点を付した。

一、訳者による補足および簡単な訳注は、〔 〕で括って挿入した。

序

カール・アウグスト・ウィットフォーゲル

I　ロシア―どこへ？　人類―どこへ？

『一八世紀の秘密外交史』[1]は、マルクスが人生の半ばごろに書いた、ロシアの歴史的特異性と発展の可能性に関する一連の論考である。彼はこれらの疑問をめぐる思索の中で、いくつかの「歴史的発見」に辿り着いた。さらにマルクスは、（当時、イギリスが主導する）世界史における西洋の役割を、それまでと比べて著しく低く評価し、ロシアの役割を非常に高く評価するようになった。マルクスは一八四四年から批判的に取り組んできた政治経済学が、近代世界の発展を説明するには十分でないことに気づいていた。このような理論的にも十分に分析されきれず、政治的にも十分に対応されていない発展は、おそらく人類の解放どころか、むしろ新しい形の全体的奴隷制を導くという結論に到達したのである。

これらは並々ならぬ発見であり、マルクス自身も解決できていない問題を提起していた。だが、これらの発見はマルクス的な「発展の構造」の真実に迫る力を示しており、マックス・ウェーバーからも唯一無二に生産的だと評価された。[2]われわれはますます顕著になる「アジア的」（「半アジア的」）な発展に対して、マルクスが強調している現象について想起することとなる。それこそはウェーバーが「われわれの時代の肝心な問題」だと認識している現象である。[3]マルクスはロシアに関する発見を

「アジア的」(「半アジア的」)なルーツに遡ろうとする際(これはマルクスにとって世界史的に根本的である)、大きな矛盾に陥っていた。これらの矛盾は示唆的だったのか。近代政治経済の批判的分析が人類の運命を理解する鍵を与えるというマルクスの見解を裏付けられるのだろうか。それともこれらの分析が不十分だったのか。人類はどこへ行くのか。人類の科学はどこへ向かうのか。

Ⅱ　マルクスのロシアに関する発見をめぐる深くかつ矛盾だらけの根源

（1）近代政治経済学——まだ物足りない

マルクスは哲学的側面に重点を置いた経済学で彼の学問遍歴を始めた（一八四四年）[4]。当初の無政府主義・共産主義的立場を脱したのち、マルクスは再び経済学的立場に復帰していく。彼はアダム・スミスやデイヴィッド・リカードなど古典派経済学者に敬意とともに言及しながら、その新たな経済学的な立場を今や発展させていくのである[5]（一八四七年）。ところが、マルクスは、次のような新たな批判的議論をしていた。すなわち、古典派経済学者たちは研究対象とする経済秩序の歴史的性格を把握していないということである[6]。

マルクスは、カント、フィヒテ、ヘーゲル[7]の「批判哲学」の唯物論的な継承者を自負し、先行学説に孕まれていた理論的ポテンシャルを最大限に発揮することに尽力していた。彼は依然として近代（資本主義）的生産様式が未来世界の歴史的基礎であると信じている。ところが、欧州革命（一八四八／四九年）を境に、マルクスは古典派経済学者たちのマクロ分析が経済学の限界に達していると考えるようになった。マルクスは一八五一年四月二日、エンゲルス宛の書簡において、今までの分析手法との決別を宣言している。「私はあと五週間で経済学のごたごたは全部片づけられるところまできている。もしこれができれば、家では経済学を仕上げ、博物館ではほかの科学について研究することとする。経済学にはうんざりしてきた。要するに、この科学は、A・スミスとD・リカード以後は少しも進歩していないのだ。たとえ個々の研究では、しかも――往々にして非常に細かい研究では、たくさんのことがなされているにしても」(8)。

周知のように、マルクスは批判的政治経済学研究を早々と終わらせたわけではない。一方、彼が一八五三年以降、もう一つの経済の類型――いわゆる「アジア的」「東洋的」類型――について批判的に検討するという可能性を見いだしたということは、あまり知られていない。さらに知られていないのは、マルクスが一八五六／五七年の『一八世紀の秘密外交史』において、全く異なる政治経済の類型を発見したことである。マルクスはもはや、人類の未来が近代的政治経済の発展によって決定されるということを確信していない。その代わりに、人類の未来が全く別のシステム――物質的生産力は弱いが、影響力がおそらく計り知れないあるシステム――に内在する力によって決定されるかもしれないというのである。

(2) ほぼ単線的な始まり――まだ物足りない

マルクスは疲れを知らない高い探究心を維持していた。エンゲルスと同様、彼は当初、古典派経済学の研鑽から学者への道を歩んでいた。彼は特定の学説への信奉者となることなく、エンゲルスと同じく、ある革命的ユートピアの世界史像に魅了され、経済・社会的ファクターに重きを置いた単線的発展図式を世界史の構図として描き出している。マルクスは一八四七／四八年、エンゲルスとともに、ある共産主義的な信条に取り組んでいる際、インドや中国（エンゲルス）[9]のように、「万里の長城」に相当する要因で進歩を妨げられている千年の王国が存在していると認識していた（マルクス）[10]。彼らから見れば、この複雑極まりない世界において、西洋世界は中世的状態（農奴制と支配的な貴族層の存在）と産業資本主義（および賃金労働関係）[11]が継起的な関係にある単線的発展図式の中の原動力である。当時、エンゲルスはマルクスよりも詳しくロシアについて語っており、ロシアが農奴制や支配的貴族階層など中世的制度が色濃く残存している三つの国の一つだと指摘していた。つまり、「ハンガリー、ポーランド、ロシア」である。[12]

一八四八／四九年から『共産党宣言』の執筆が終わるまで、エンゲルスはマルクスよりも精力的に「スラヴ」民族問題に取り組んでおり、ロシアをきわめて広範なる発展途上にある一つの東欧複合体として捉えていた。マルクスとエンゲルスは既に、西洋の台頭に際するさまざまな矛盾について指摘している。東洋において、それらの矛盾はさらに複雑かつ多様である。ポーランドはともかくとしても、[13]ハンガリー、[14]とりわけロシアという、これら残虐かつ野蛮な色彩を帯びているところに、巨大な発展の潜在的可能性が潜んでいる。エンゲルスは既に一八五一年ごろ、その意義をいつになく高く評価したのである。[15]

このような準単線的な世界史的発展図式を背景にして、マルクスはエンゲルスの影響を受けつつ、一八五三年以降から信じていたもう一つの政治経済システムのあり方を同年一二月、それから一八五四／

五五年、ふたたびエンゲルスの影響を受けて修正し、一八五六／五七年の『一八世紀の秘密外交史』において徹底的に変更を加えた。

（3）ロシアに対する東洋的（半東洋的）な解釈へ

マルクスは一八五三年夏、ロシア問題をめぐって、一つの半東洋的（東方的）な解釈を提示した。同年三月、エンゲルスのロシアに関する「その本質と生活様式、その伝統と制度において……半アジア的」[16]という見解は、マルクスに影響を与えていないように見える。エンゲルスによる上述の見解は、アレクサンドル・ゲルツェンの新著『ロシアにおける革命思想の発達について』（一八五一年）に由来していると見られるが、二人は一八五二／五三年の冬ごろ既に意見交換をおこなっている。[17]マルクスに強い刺激を与えたのは、明らかにエンゲルスによる一八五三年六月六日付の書簡であり、そこではエンゲルスが「東洋」における農業生産に特有な「東洋的」政府をもたらした大規模治水工事への依存について説明している。エンゲルスの水の管理をめぐる思索に基づいて、マルクスは一つの新たな形態論的、世界史的位相を見いだしたのである。彼は第二の「事情」として、農村に散在して、村落を特別なシステムに編成した農業と手工業を結合させた農村の生産者について取り上げた。このような村落において、公共的機能は在地官僚によって独占されており、農業生産に肝心な治水工事をはじめ、富の分配まで財政官僚の支配下に置かれている。マルクスは既にローカルな役人の権力、およびその上下関係について把握していた。[18]彼によると、このような村落制度が中央集権的（アジア的）

国家に親和的であるだけではなく、むしろ前者は後者——マルクスの言葉を借りると「オリエンタル・デスポティズム」[19]——の「強固な基礎」を形成していた。『全集』の公式的な翻訳では、「東洋的専制政治」となり、「君主政治」、「貴族制」や「民主主義」などの用語と並び、さまざまな呼び方が含まれている。

マルクスが一八五三年の晩春、上述の見解について述べた時、きわめて刺激的かつ画期的なアイディアに沸き立っていたが、まだそれは初歩的なもので、必ずしも十分には体系化されていなかった。マルクスは同年夏、ロシアとアジアをめぐる関心を示す一連の概念を打ち出した。彼の当時の見解とは、以下の通りである。（1）ロシアは「半アジア的」[20]であり、（2）近代的政治経済の支配者（とりわけイギリス）は、インドのような「アジア的」色彩を帯びている国々をその経済と社会を含めて征服することになるはずであり、（3）トルコ、とりわけビザンツの「アジア的」秩序に近いロシアはしばらくの間、西洋と対抗するが、最終的には西洋が革命的な形で神政的東洋諸国（その最も新しい形態はロシアに代表されている）に勝利するはずである。

上述した見方は古典派経済学者たちによって打ち出され、しかもマルクスとエンゲルスも批判的な修正を加えていたとはいえ、長年信じていた単線的世界史の発展図式とは大きく異なっている。これはたしかに斬新なものであるが、はたして彼らは自分たちが作り出した分析的かつ形態論的な潜在的可能性について十分応用できたのだろうか。

a 「政治経済学の固有かつ有機的法則」（一八五三年夏）

古代のギリシャは、アジア的な世界と対峙する形で登場した時に、まだ近代的意味での国民経済を持っていなかった。ペルシャの大王との戦いの中で、ギリシャは一時的に強力であったが、最終的に自らも後者の遺産の獲物になってしまう。[21] 同じように、ヨーロッパの近代的（資本主義的）経済秩序の創造者たちは、東洋の停滞的力に対して真っ先に攻撃を仕向けた際、これは二つの形態でも運動法則でも、完全に異なる世界秩序間のバランスが崩されることを意味している。古典派経済学者たちはことあるごとにその東洋的世界の存在について言及している。エンゲルスから見れば、それはもう一つの異なった経済的・国家的形態と理解されるものである。一八五三年春、とりわけ夏ごろから、東洋的世界に対するマルクスの理解は、エンゲルスよりはるかに進んでいた。マルクスは東洋的国家におけるイギリス人による征服と、「トルコ人」、「ペルシャ人」や「ロシア人」による征服がそれぞれもたらした異なる結果について比較分析していたのである。[22]

マルクスはそうした比較論的視角を通して、まずインドに関する考察から着手し、「アジア的」なものをめぐる思索の中で、やがて自らの立場を発展させていく。最終的に、マルクスはなぜイギリスがインドにおいて二つの特別な使命を果たせるのかについての解明に辿り着くことになる。つまり、「古いアジア社会を破砕することと、西欧的社会の物質的基礎をアジアにすえること」[23] である。マルクスから見れば、「イギリスの近代産業がもたらした破滅的な崩壊」はけっして偶然の出来事ではない。むしろ、「いまある生産制度全体から有機的に出てくる結果」にすぎない。「この生産は、資本の至上の支配に基礎を置いている。資本の集中は、資本が独立の権力として存在するのに不可欠のものである。この集中が世界市場に及ぼしている破壊的な影響は、いまあらゆる文明都市でつらぬかれている経済学固有の有機的諸法則を、最も大規模にあらわしたものにすぎない。歴史のブルジョア時代は、新世界の物質的基礎をつくりださなければならない。一方では、人類の相互依存にもとづく世界的交通とこの交通の手段、他方では、人間の生産力の発展と、物質的生産を自然力の科学的支配に転化すること、これがその基礎である。このような新世界の物質的諸条件を、ブルジョア商工業は、地質上の革命が地表をつくりだしたのと同じように、つくりだしているのである[24]」。

b　ロシアに対するビザンティン的解釈に向けてのマルクスの飛躍（一八五三年夏）

次の文言を記した時、マルクスは「政治経済（学）の内在的法則」――たとえそれがただしく機能しているのだとしても――そのシステムがもたらしたすべての問題を解決できるとは考えていなかった。それはあり得ないことである。「偉大な社会革命が、このブルジョア時代の成果である世界市場と近代的生産力とをわがものとし、これらを最も先進的な諸国人民の共同管理のもとに置いた時[25]」、はじめて資本主義制度の発展的ポテンシャルを最大限に発揮できるとマルクスは示唆していた。

それはマルクスの念頭に浮かび上がった社会主義的（共産主義的）な考えであった。彼は北米のリベラルな新聞である『ニューヨーク・デイリー・トリビューン』の要請に応えて、以上の考えについて解説した。しかし、それはあくまで略説にすぎず、マルクスはそのような一般論に満足していたわけではない。一週間後、マルクスは七月二九日付の論説において、再び東洋的社会の問題とその将来について取り上げている。イギリスやアイルランドに関するいくつかの点に触れたのち、マルクスは当時、クリミア戦争やベッサラビアでの出来事で炎上している「ロシア問題」に目を向けた。彼によれば、当時進行中の「東方問題」をめぐるすべての逆境と交渉は、世界史というテキストの脚注という性格を持っているのである。[26]

コンスタンティノープル占領に対するロシア人の立場といえば、「リューリク朝」の樹立をもってビザンツ時代に遡るある政策がずっと続いているとマルクスは確信していた。「一一世紀には、キエフはあらゆる点でコンスタンティノープルを模倣し……ロシアの宗教と文明はビザンティン起源のものであった」。マルクスは次のように主張している。「古代ビザンティン帝国の精神は、王朝の交替をこえて生きながらえた」。トルコ人は、「この神政国家の中心をヨーロッパの進歩に対する有効な障壁」とした。「ロシア人がコンスタンティノープルをわがものとするならば、ビザンツは古代の皇帝たちの治下よりもさらに退廃的な影響力と、スルタンの治下よりもさらに攻撃的な力をもって、蘇ってくるであろう」[27]。

ここでは細部まで言及する余裕はないが、この複雑な思考の枠組みの中で、マルクスはロシアの「継承された政治」がかなり成功していると述べている。「それは西側諸国の弱さを証拠とするものである」。ところが、マルクスは同時に「この政治の硬直的な均一性」を強調している。このことを通じて、「ロシアの野蛮な本質」が現れるのである。「西欧諸民族の歴史的運動を理解する必要がある度」、ロシア外交は、「いつも絶望的な袋小路に陥っている」[28]。

注目に値することだが、インドとロシアの西洋との関係に対して、マルクスは全く異なる評価をおこなっている。前者の場合、旧来のアジア的社会の壊滅に至るのに対して、後者は「行き詰まり」を招くこととなる。インドの場合、旧来のアジア的社会が乗り越えられたのち、資本主義的経済秩序は新たな社会主義的世界の基礎を打ち立てた。一方、ロシアの場合、西欧における革命が勝利してはじめて、西洋世界が東洋の野蛮と悪魔のような影響を制御できた。ローマの「悪魔的」（宗教的）な力がコンスタンティノープル（第二のローマ）に遷移するという神話を示唆しつつ、マルクスはモスクワが第三のローマになる（その後、第四はない）というロシアの誇り高きビジョンに対抗している。ビザンツに関する立論の最後で、マルクスは劇的な転換を打ち出している。「コンスタンティノープルの領有をめぐる西ヨーロッパとロシアの闘争は、ビザンティン精神が西欧文明の前に倒れるのか、それとも両者の対立がこれまでにないほど恐ろしい、圧倒的な形態で蘇るのか、という問題を含んでいる。コンスタンティノープルは、西方と東方とのあいだにかけられた黄金の橋である。そして西欧文明は、この橋を渡らないでは、太陽のように世界を経めぐることはできない。さらに西欧文明は、ロシアと戦わないではこの橋を渡ることはできない。スルタンは、革命の管財人としてコンスタンティノープルを保持しているにすぎないし、西ヨーロッパの現在の名目的な統治者たちは、みずからネヴァ河畔にかれらの「秩序」の最後のとりでを見いだしているので、この問題は、ロシアがその真の敵手である革命と対峙する時まで、未解決のままにしておくほかはない。西方のローマを撃破する革命は、また東方のローマの悪魔的な影響を克服するであろう」[29]。

マルクスのロシアに対するビザンティン的解釈については、ゲルツェンが一八五一年の著書で表明したロシア文明の起源に関する見解の影響を受けていることは明らかである。一八五三年春までに、この見解をめぐってはマルクスの注意を引かなかったが、今や彼の近東やロシアの神権政治をめぐる考えと調和している。だが、それでロシア史の真実を正しく解明できるのだろうか。マルクスは一八五三年夏、これについて肯定的に考えたが、同年一二月以降、そうは思わなくなっていた。

C　ロシアに対するタタール的な解釈——初歩的で不完全な形（一八五三年一二月以降）

一八五三年夏のマルクスから見れば、ロシアが当時の西欧諸国に対して、ある程度、優位に立ったのは、ロシアの野蛮な戦術によるものであった。これから数年、彼は同じ見解を持ち続けた。〔しかし〕戦争の新たな展開とともに、マルクスは上述したビザンティン的解釈が正しくないと信じるようになったのである。それらの新たな展開をきっかけに、マルクスは近代ロシアの制度的起源を東洋の他の部分に求めるようになったのだが、それはつまり、モンテスキューやヘーゲルが既に取り上げていたタタールの世界のことである。この二人の巨視的観点に立った歴史家としての見解は、不足した点があるものの、ゲルツェンより、マルクスに対して大きく響いたのである。

モンテスキューは、タタール（モンゴル）によるロシア征服について明確には語っていない。[30] しかし、タタールに関して、「きわめて特殊な民族」であり、同胞同士に対して親切かつ人情味があるが、「征服者としては非常に残虐である」とモンテスキューは信じている。[31] さらに国家奴隷制（個人所有の奴隷制も含めて）がタタール人の遊牧民的な生活様式に合わないため、彼らは征服された民族を「政治的奴隷」にしたのである。[32] それゆえに、モンテスキューの真剣な読者にとって、「モンゴル的奴隷制」という概念はけっしてこじつけなどではなく、新古典派という思想的伝統の堂々たる一部分をなしていた。

ヘーゲルにも同じく、モンゴルによるロシアの征服についての特別な言及がない。ところが、ヘーゲルの記述において、タタール出身の騎馬遊牧民はしばしば「文明世界を一掃する旋風」[33]として襲いかかってくる。ヘーゲルの世界システムの中では、「文明世界」とは農耕社会に等しく、ロシアおよび他の北東ヨーロッパの「遅い段階で歴史的国家の系列に入った」国々について、明確に含めようとはしていないし、除外しているわけでもない。[34]それらの国々のアジアとの「持続的関係」に関するヘーゲルの見解は次の三つの指名された国々に最も当てはまる。それは「ポーランド、ロシアおよびスラヴ帝国」である。ヘーゲルは、タタールと「文明世界」の関係を経済的基礎に帰着させよう（例えば、モンゴルは馬を「食料と武器」として使用している）として、遊牧民による侵攻を完全に否定的に捉えている。つまり、「破砕と荒廃」[35]である。真面目なヘーゲルの読者にとっては、モンゴル人が「荒野の出現」に関わっているという見解が、新古典派的歴史哲学の一部であった。[36]

これらの巨視的立場にある歴史家たちが、マルクスにいかなる影響を与えたにせよ、われわれが今確定できるのは、マルクスが一八五三年末ごろ、ロシアをめぐってはビザンティン的解釈からタタール的解釈に移行していたということである。同じように確定できるのは、マルクスとエンゲルスはこのような視角からいっても、ロシアの西洋文明に対する侵攻攻撃が後者の文明と自由に対する決定的脅威とは考えていなかったということである。二人は当初、ピョートル大帝の政策がそのような脅威の発生につながる決定的要素であることを否定さえしていた。

マルクスは一八五三年一二月一〇日、チャーティズム的立場にあった『人民新聞』に寄稿し、当時のツァーを「モスクワ人《びと》」と呼び、ロシア支配者の「名誉」、「尊貴」および「節操」を常に「熱烈に賛美」してきたイギリス首相であるパーマストンは、今回はいい勉強になったと述べている。イギリス国王の指示により、外交官であるデイヴィッド・アーカートが偶然にもイギリス政府の手に落ちた外交秘密文書を公刊した。[37] これによって、パーマストンのような人間さえ、ツァーの「名誉」の正体がいかなるものなのかを知らされた。「タタール人を見いだすのに、モスクワ人を一皮むくまでもなかった。彼は、生地のままの、ぞっとするようなタタール人にゆきあたったのである」[38]。

タタール的ロシアの支配者は残忍であった。彼らは限られた程度の政治的成功を実現できた。この文脈において、マルクスは彼のビザンティン的解釈の場合と同じように、論拠とともに自分の論点を正当化した。ロシアの西欧諸国に向けて使われている外交手段について、マルクスは一八五三年一〇月、「アジア的な詐欺と小細工」と表現し、「ロシアはそれらの手段を用い、いままた西欧諸国の信じやすさを利用した[39]」と述べている。しかしながら、これら「アジア的」奸計の正体を暴くことが可能であり、マルクスはまさに「アジア的」奸計を暴く人々の中の一人であった。[40]

マルクスは一八五三年一二月一〇日の論考において、ロシア政治のタタール的な本質について言及している。彼によれば、ロシアの大臣や外交官たちは基本的に相手の西欧諸国を騙すつもりである。しかも、単なる小さな問題においてのみならず、重大な問題、例えば、西欧諸国が「単なるロシアの道具」にされ得るほど重大な問題に関しても同様である。[41] それは現実になる可能性があるが、必ず現実になるわけではない。西欧諸国はロシアが人目を盗んで達成しようとすることを防止できる力を持っているからだ。

マルクスは当時、ロシアを東洋の原始的蛮族が支配している世界として描いていた。一八五四年四月一一日付の論考においても同様、ツァーを「カルムイク人」と呼び、西欧外交官を「タタールの主人」に従順である、などと表現した。[42] 一八五四年の年末から一八五五年のはじめごろにかけて、マルクスがクリミア戦争のクライマックスにおけるエンゲルスの一連の軍事・時局分析に触発され、自分のこれまでのロシア論をエンゲルスと自分自身の新しい観察の結果と結びつけようとした。

d ピョートル一世時代のロシアに対する停滞的な解釈（一八五四／五五年）

クリミア戦争の進行中、エンゲルスはロシアの頑固な不変性について指摘している。このロシアのアジア的（または半アジア的）側面に関して、一八五三年夏にロシアとビザンツやトルコなど西アジアの神権国家と比較した際、ロシアの軍事的側面に目を配らなかったために、マルクスは上記の指摘を強調しなかった。エンゲルスは一八五四年一〇月、ロシアの巨大なる国土は「モスクワを中心に内陸の広い土地に拡大しつつある」、サンクトペテルブルクや他の沿岸部都市（クリミア、コーカサス、フィンランドなど）は必ずしも必要ではない「付属地」にすぎないと主張している。[43] ロシアの巨大なる国土は堅固かつ停滞的である。のちに刊行された論説において、ロシア人には「独創性」が欠如しており、西洋文明の中で生み出された科学的戦争手法を借用したが、実際のところわが物にしていなかったとエンゲルスは述べている。危機的な局面に陥るたび、ロシアは借り物としての西洋文明を捨て去り、「真に野蛮なる」正体が現れるのである。最近の一連の戦況でもわかるように、西欧諸国はロシアの進歩に比べて二倍ほどのスピードで進展しており、同じレベルで装備されている西欧の軍隊と戦えば、ロシアに勝ち目はないはずである。[44]

それだけではない。エンゲルスによれば、インケルマンの会戦からわかるように、ピョートル一世はロシアに真の進歩はなく、むしろ壊滅に導く「温室的発展」を導入している。「人為的な発展と、未開な材料をもって輝かしい文明の外見を維持しようとする大いなる努力は、はやくも国民の力を使いはたし、ある種の肺病を彼らに背負わせたように見える」[45]。

いつものようにマルクスは、エンゲルスが送ってきた『ニューヨーク・デイリー・トリビューン』紙に寄稿された原稿の、重要な箇所を書き直していた。しかし、これもよくあったように、マルクスはエンゲルスの見解とほぼ一致していた。そして、のちにエンゲルスとの共著論文において、ロシアの力は大陸の後背地にあるという説が再び登場している[46]。また、マルクスが一八五五年一月四日に『新オーダー新聞』に掲載した別の論考において、ロシア人には独創性が欠如しているというエンゲルスの説に重点を置いた。だが、決定的瞬間において「西欧文明の仮面は投げすてられて、タタール人が表面にでてきたのである」[47]。

ピョートル一世の諸々のロシアを文明化する努力について、マルクスはエンゲルスの否定的な評価をほとんど文字どおりに繰り返し、「温室」や「肺結核病」などの文言までマルクスによって使われていた。さらにエンゲルスは、自分の見解の正しさを控えるための表現も同じく、マルクスが引き受けられるよう努力したのである。エンゲルスと同じように、最近の出来事について、マルクスも「ほとんど」崩壊の兆しとして捉えて、国民はそれによって疲弊しているように「見える」と述べている[48]。最近の出来事は、ピョートル一世の改革がもたらした停滞的かつ最終的に有害な結果に「見える」。たしかにそう見えるが、はたして本当にそうだったのだろうか。

Ⅲ　ピョートル大帝への再評価と世界史の新しい視点への切り口
――『一八世紀の秘密外交史』（一八五六／五七年）

（1）「いくつかの歴史的発見」――ロシアと西欧諸国との関係における「ドラマ」

マルクスは一八五六年二月一二日、エンゲルス宛の書簡において、大英博物館で研究していたところ、「いくつかの歴史的発見」を経て、(49) これから出版するつもりであると書いた。(50) それはいうまでもなく、数カ月後、『一八世紀の秘密外交史』という題のもとで出版された文書と解説のことを指している。二つのバージョンのうち、不完全版は『シェフィールド・フリープレス』誌（一八五六年六月二八日～八月二日）に掲載されており、完全版はロンドンの『フリープレス』誌（一八五六年八月一六日～一八五七年四月一日）に掲載された。(51)

一九一四年に出版された『カール・マルクス』で『一八世紀の秘密外交史』についてその書誌の中で言及したレーニンは、マルクスとエンゲルスという二人の往復書簡、(52) そして一八五六年二月一二日付の書簡(53)について承知している。マルクスのロシア論について、レーニンは次のように指摘している。「『ニューヨーク・デイリー・トリビューン』に掲載されたマルクスのいくつかの記事がロンドンで小冊子として出版されている。例えば、一八五六年に出されたパーマストンに関する記事、つまり、『一八世紀の秘密外交史』(常にロシアによって買収され、ロシアに依存しているイギリスのリベラル派公使に関して)などである」[54]。

それはマルクスが一八世紀の外交史について発見したことなのだろうか。マルクスとエンゲルスの往復書簡について、「きわめて高いレベルの」科学的・政治的価値を見いだしていたレーニンは、もっとよく理解すべきであった。マルクスは一八五六年二月、エンゲルスに宛てた書簡において、外交官や政治家の賄賂について言及しているが、それを「トーリー党の外交政策とホイッグ党のそれとのちがいは当時ただ、前者はフランスに、後者はロシアに内通していた、というだけのことだった。内通はしごく当然のことだったのであり、同時代の著述家もこれを「当然の」ことと批評し、そう表現している」[55]。レーニンの立場から見れば、一九〇六年にロシアの「アジア的」過去、および「アジア的」復権の可能性をめぐる論争に敗北した彼は、ロシアのアジア的遺産の意義を矮小化し、見えないことにしようとした努力という現在は辻褄が合うのである[56]。しかしながら、これらの問題こそ、マルクスが一八五六年のはじめ、歴史的発見を得た際には決定的に重要であった。

それらの発見に関わる時代として時間の順に整理すれば、「一七世紀末から一八世紀にかけての数十年」[57]を含めているが、つまりそれは一八世紀前半に頂点に達して、一七世紀末に遡るピョートル大帝支配の時期である。歴史的に見れば、それは「ピョートル一世とカール十二世の争い」を指している。マルクスはこの争いを「ドラマ」と呼んだ[58]。マルクスの思考回路で明らかになるように、彼にとって、「ドラマ」という文言は、一七四一年以降にイギリスで使われてきたが、「劇的な一貫性を持ち、最終的に災難で終わる一連の出来事」[59]を意味している。

いうまでもなく、マルクスにとって、『一八世紀の秘密外交史』はけっして賄賂を受けたものを暴くといった政治的乞食オペラなどではなく、世界史における二人の巨人の間の劇的な争いに関する分析にほかならない。

（2）一八世紀のポスト・ピョートル一世時代の卑劣かつきわめて愚かしい対ロシア政治

（第一章および第二章の冒頭部分）

マルクスは、この争いの形と意義を明らかにしようと決めた時、イギリスが重要かつ不幸な役割を演じてしまったと述べている。このドラマの中でイギリスが主要かつきわめて不吉な役割を演じていると説明しているのである。これは、彼がその一年前にイギリスの親ロシア政策があまり重要ではないとしていたことと矛盾している。この政策が「幻想か無知か」に基づくものかどうかというのは、ロシアが世界のバランス関係に大きな脅威でない場合、それほど重要な意味を持つわけではない。しかし、世界史の諸力に対するさらなる考察により、マルクスのロシアに対する判断が大きく変わるにつれて、「幻想か無知か」という問題はきわめて重要な意味を持つようになっていった。

上述した思想的転換は、マルクスが一八五六年二月一二日、エンゲルス宛の書簡で報告した歴史的発見を経たのちのことであった。この書簡において、最初からマルクスはロシアとスウェーデンとの間の戦争に言及し、「このドラマにおいてイギリスが演じた決定的役割」[60]と結びつけていた。近視眼的政治家はこのことを無視しようとしている。ところが、マルクスは次のことを「興味深い」と評価している。イギリスは「ロシアがバルト海の勢力」になることに大きく貢献したが、さらに「既に一八世紀のはじめに、このような政策が告発され、将来のモスクワ帝国の成長が驚くべき正確さで予見されている」というのである。[61]

ロンドンにおける亡命者としてのマルクスは、勤勉さと研鑽を通じて、教養層のイギリス人自らの歴史、とくに一八世紀初期からのイギリスとロシアとの関係についての常識、さらに一九世紀半ばごろ、英露問題に対して真剣なる関心を持てば誰もが普通に知っていた事柄を身につけなければならなかった。このような背景のもと、ピョートル一世の時代においても、マルクス自身の時代においても、イギリスにおける親ロシア派の友人たちが「幻想か無知か」の背後に身を隠す権利はないとマルクスは考えていた。[62]このような背景のもと、一八世紀と一九世紀のイギリスの有力な政治家たちは、ピョートル一世とその後の時代に関する活字化された歴史経験から、愚かにも（場合によって「卑劣にも」）学ぶべきものを学ばなかった。マルクスによって新たに発見された文書から学ぶべきことを彼らは学んでいない。つまり、危機的状況において、責任あるイギリスの政治家は、ロシアの拡張主義政策に対して「前例なき軟弱、そして直接的援助」で宥和するのではなく、[63]それと闘うべきだったのである。

一八五六年六月二一日に出版社に送った『一八世紀の秘密外交史』第一章[64]においてマルクスは、イギリスの対露政策を鋭く非難している。マルクスはポスト・ピョートル一世の時代においてイギリスから派遣された使節団が執筆した外交文書を大量の一次史料として発見している。イギリス外交の立場から見れば、それらの文書は「きわめて妥協的」であった。[65]第一章の最後では、サンクトペテルブルクの英国居留民の牧師の報告書からの抜粋が転載されている。それによると、「大ブリテンをロシア帝国に結びつけている紐帯は、自然につくられたものであり、犯すことはできない」[66]というのが英国の対ロシア外交政策の教条である。この文書はポスト・ピョートル一世の時代においてイギリスの対ロシア外交を明確に示すものだとマルクスは考えていた。それより前に、序文で転載された史料は、同時代の歴史家、そしてエカチェリーナ二世の政治心理学を研究する人々にとって非常に興味深いかもしれない。それは同時代のイギリス外交官の姿勢を見事に示している。マルクスは第二章の冒頭で、彼らの姿勢を形式的に「愚か」であり、本質的に「卑劣」であると酷評している。[67]「われわれが読者に公にしたイギリスの外交文書が私的な知人に宛てたものであるにしても、それは執筆した大使たちに汚辱の烙印を押すだけであろう。それは秘密裏にイギリス政府自体に宛てたものではあるが、政府を歴史上の永遠の物笑いとするものである」[68]。

(3) 英露外交史からロシア政治史へ

マルクスが一八五六年六月末、上述の結論に到達した際[69]、自分の新しい発見が主にイギリス外交の特徴を示していると考えていた。それはシリーズ記事が一八五六年六月二八日、『シェフィールド・フリープレス』で一回目に掲載された際につけられた『一八世紀の秘密外交史』というタイトルからもわかる。次の回、つまり七月五日に掲載された第二弾の寄稿でも同じタイトルが維持されている。そこでマルクスは今後の思考方針について述べている。「当然のことながら、一八世紀中に伝統となったイギリス外交のこの親ロシア的性格が、いったいいつの時代に始まったのか、という問題が生じてくる。この点を解くために、われわれはピョートル大帝時代に立ち返らなければならないのも、それがわれわれの研究の主題となるからである」[70]。

第一章において、マルクスは「イギリスの外交文書によって、……アンナ女帝時代に既にイギリスが自己の同盟国を裏切っている」と述べている。次のいくつかの章において、マルクスはイギリスで出版されたパンフレットを転載しようとし、当国のロシアに対する暗黙の合意は「アンナ時代の以前にさえ、すなわちピョートル一世時代に始まるヨーロッパにおけるロシアの勃興期には、既にロシアの計画が理解されており、イギリス政治家がこれらの計画を黙認しているとしてイギリスの著作者によって非難されていたことがわかる」[71]。これらパンフレットも、イギリス外交を扱うものではあるが、外交だけにとどまるわけではない。マルクスが最初に読者に披露した冊子――ヨーロッパにおけるロシアの大国化およびピョートル一世がその中で演じた役割について取り上げた『北方の危機』というパンフレット――もそのようなものである。

マルクスがこのパンフレットの前例のない重要性を認識していたことは、彼の一八五六年二月一二日の書簡からもわかる。そこで彼は、自分の歴史的発見が持つ意義について指摘し、それを具体的に証明するために八つの「主要な史料」を引用した。その中でマルクスは、『北方の危機』を最も詳細に取り上げており、「今まで書かれた最も卓越したパンフレットのひとつ」と称し、「重要でないいくつかの修正をほどこせば、一八五三年に出版されたとしてもおかしくない」[72]と述べている。つまり、それはクリミア戦争までに拡大する前のロシアとトルコの戦いの始まりであった。マルクスは一八五六年夏、その年のはじめごろに抱いていた自分の判断を強めていた。『一八世紀の秘密外交史』第二章において、彼は「この力強いパンフレット」[73]を全文転載している。

a 『北方の危機』（第二章主要部分と第三章冒頭部分）

マルクスは、『北方の危機』について、「一七一六年にロンドンで印刷され、予定された、デンマーク、イギリス、ロシアのスコーネ侵入に関する」[74]文書であると説明している。この危機は計画的軍事行動の破産から生まれており、論理的に他の一連の北ヨーロッパでの事件と同列のものである。一七〇〇年に始まった大北方戦争は一七一五年の「北方同盟」の結成をもたらした。マルクスが指摘するように、この同盟は「ロシア、デンマーク、ポーランド、プロイセン、ハノーヴァー（それにハノーヴァーを通じてイギリスも）の間で結ばれた」。その目的は、「スウェーデン本土でなく、われわれがスウェーデン帝国と呼んでいる部分を分割することにある」[75]。同盟の二つの指導的な加盟国、つまりデンマークとロシア（一時期きわめて積極的なイギリスも含める）は一七一六年、スウェーデン最南端のスコーネに侵攻する計画を立てた。しかしながら、侵入に向けたピョートル一世の軍事的・外交的な一連の準備活動は、ヨーロッパの同盟国、とりわけデンマークにとって脅威を与えるものであった。そこでデンマーク政府は九月二六日、スコーネ作戦の計画を断念し、スポークスマンを通し、「本事件について真の説明をすべての公正なる人びとに与え」、いかにして同盟の危機が到来したかを明らかにした。[76]

「序文」（文量が異なる四節の一つ目）において、『北方の危機』の匿名著者[77]は、党派を問わず、「国際法」や「国家学」を真剣に（狂信的にではない）学び、活用しようとするイギリス人を対象にしていると述べた。[78] 第二節において彼は、スコーネ事件をめぐるデンマーク側の報告「趣旨」について繰り返している。[79]

このパンフレットのタイトルで著者が明らかにしたように、上述した報告は「ツァーリの政治に関する中立的な考察」の出発点であった。本文の第三節はまさに、このような考察であり、文書の中心的論点をなしている。簡潔な「後記」（四）において、パンフレットの著者が彼の「小史」の意味を簡単に説明している。彼はそのタイトルでウェルギリウス詩作の一節「Parvo motu primo mox se attollit in auras」（はじめはほとんど動かなかったのに、やがては天にも届くほど）を用いて示していた。ウェルギリウスの詩作で描かれているのは、何もない状態から巨大な怪物に発展する力である。その巨大な怪物は、ウェルギリウスが説明する通り、空中に飛んでおり、人類を恐怖に陥れるのである。[80]

第三節において、匿名著者が上述した考えをピョートル一世の姿として具体化した。自分自身はこうして計り知れない危険に対して、今現在のみならず後世にも耳を傾けるべき「警告」を提起していると考えた。彼は、自分が先学たちと同じように、自らのために不滅の記念碑を建てたと誇らしく確信した。[81] この警告文は大いに注目されたが、[82] マルクスはそれを前例のない文書だと宣言している。リャザノフが注目に値するものと考えたものの、レーニンは向き合おうとしない。マクロ歴史叙述！マクロ戦略！

b 『北方の危機』の著者から見た政治史におけるピョートル一世の役割

そのタイトルと目次に従えば、『北方の危機』はロシアの政治史における偉大なるツァーリの役割を取り上げるものである。[83] この人物の役割について説明するために、文書はピョートル一世の「性格」と「目的」を分析している。「性格」に関する結論は次の通りである。ピョートル一世は「完璧なまでの政治的能力」を持ち、一見して乗り越えられないような困難も彼はうまく解決できてしまう。彼の「目的」に関する結論は次の通りである。「貪ってやまない財産欲」、「限りない領土支配への渇望」に駆られて、「あらゆる適当な方法」をもってこれらの目的を達成しようとする。「適当な方法」とは何なのか。ピョートル一世は、「臣下の財産と名誉を恣意的に支配する君主」（「すべての臣下が彼の文字通りの奴隷）である。その結果、彼が用いた「適当な方法」とは、いうまでもなく、彼の恣意的な専制主義にふさわしい残酷な手法であった。彼が「二つの自然なる欲求を満たす」ために揃えている条件はたしかに疑わしい。ピョートル一世は「軍隊を養う富もなければ、戦闘術の訓練を受けた軍隊も」持っていない。トルコやタタールとの戦いで必要ではないかもしれないが、「キリスト教世界の文明国」との対峙には近代的な「戦争の科学」に基づく兵学が必要となるのである。

『北方の危機』の著者によれば、ピョートル一世は「無頓着な立場」に立った。文字通りではないが、著者からすれば、「目的に邁進する天才」であった若きピョートルにとって、そのような局面に必要なことをこなしたのみならず、それにふさわしいことさえおこなったのである。西欧において、ピョートル一世はロシアにない技術や見識を身につけた。これらの知見に基づいて、彼はうまく自国の軍事勢力を組織・編成してきた。同様に、彼は自分の諸々の計画のために、よく訓練された労働者と船員たちも成功裡に確保できた。それらを通じて、ピョートル一世は自らを「バルト海の王」としてアピールしようとした。彼は北と南の国々との貿易における覇権を目指していた。ペテルブルクやレヴァルなどロシア領のバルト海の港を要塞化しており、それらの沿岸都市が「バルト地方だけでなく、ヨーロッパの最も重要な要塞の一つと見なし得るほど」になったのである。[84]

引き続いてこの匿名の著者は、その考察において、さらにいくつかの興味深い側面に、体系的ではないが、時には刺激的な形で触れている。著者が触れたピョートル一世治下の経済的状況は、イギリス人の視点から見ればけっして印象的ではない。[85] ところが、彼自身でさえ、認識できなかった世界史的次元での問題について暴いたのである。同じく、ピョートル一世の革命的なやり方に関する著者の言及も中途半端である。ピョートル一世の天才について、著者も十分注目してないと考えたが、[86] それよりもヘーゲルは、(一八五六/五七年にマルクスも取り上げたように)もっと根本的現象に焦点を当てていた。しかし、それは彼を大いに不安にさせた。それらの現象に触れる際、著者は楽しんでいるかのようにウェルギリウスの詩作を引用してみせる。ピョートル一世の驚くほど効率的な軍事・政治行動に対する分析の最後で、著者は次のように述べている。「とても小さな発端から大きな、しかも性急な結論に到達したという人がいるかもしれない」。このような異論に応じつつ、著者はピョートル一世の北欧における工作を某西欧大国、つまりオランダのロシアに対する判断に結びつけたのである。彼はそれに反論する者に対して、次の点について反省するよう求めている。「私がなぜピョートル一世はささいな始まりから、とんでもなく、ほとんど乗り越えられないような困難にもかかわらず、今のような偉大な存在に成長したか示すことができるのか」、どうか考えて欲しい。著者は引き続き、次の点について強調している。「それによって、ピョートル一世の同調者であるオランダ人たちにも、彼が自らの隣国にとってだけでなく、ヨーロッパ全体にとっても大きな脅威になってしまったのである」。

この展開は天才と近視眼的な政治家の違いを強調している。前者は時代の潮流を把握できるし、それを利用することもできる。後者はそうしない。前者は時代の波に乗り、与えられた機会を利用することで事業を成功させる。もしこの機会を認識し、それを役立てることを逸すれば、「すべての計画は失敗に帰する」[87]。

C　ピョートル一世の異常な勢力拡張を認識し、それと戦うということ（第三章と第六章の後半部分）

以上は『北方の危機』の著者が同時代人、そして後世に伝えたいと思う教えである。それは同じように、マルクスが一八五六年二月一二日、エンゲルスに送った書簡で自らの歴史的発見について注意すべきいくつかの事柄に言及する際、彼自身が学びたいと思っていた点であった。当該書簡において、マルクスはウェルギリウスの怪獣の恐ろしい成長に関する詩作を一語一語引用している。同じく引用されたのは、『北方の危機』の著者が伝えようとする警告である。また、マルクスは『真理は時宜を得た時にだけ真理である』（以下『真理』と略す）からある肝心な箇所を逐語的に引用した。『真理』についてマルクスはそのタイトルを完全な形で伝えておらず、『一八世紀の秘密外交史』においてその本文も断片的にしか引用していなかった。しかし、その強気の結論は、マルクスが特別に転載したものである。[88]

『一八世紀の秘密外交史』の第三章において、マルクスは『北方の危機』から得た教訓を「防衛条約」〔本書における第四章〕とともに提示した。第三章では、『北方の危機』でピョートル一世とロシアをめぐる一般的な考察に混在している政治的論点が前面に押し出されている。ここで「防衛条約」というのは、一七〇〇年にイギリスのウィリアム三世とスウェーデンのカール十二世の間で締結された、バルト海におけるピョートル一世の拡張政策からプロテスタント諸国の利益を保護するための条約である。ウィリアム三世の死後(一七〇二年)間もなく無効となっている。さらにその転換を強く非難しているイギリスの国会議員たちは、スコーネ危機のあと、条約内容の公開を迫っている。条約内容は一七一七年、それぞれの項目に関する補足「疑問点」とともに公開された。それらの「疑問点」によって、『北方の危機』がある種の法廷弁論的かつ劇的な色彩を帯びるようになった。マルクスは条約の内容と「疑問点」の両方を引用し、序文を通じて『北方の危機』の劇的な色彩をさらに増幅させた。その序文において、マルクスはイギリスの親露派が流布させようとした貿易政策論を批判している。統計データに依拠しながら、マルクスは次のように主張している。「ピョートル大帝と彼の直接的後継者たちによる、ロシアの巨大な市場によって大ブリテンに開かれた貿易の規模ぐらい誇張されたものはない」[89]。

『真理』(一七一九年)は、イギリスの対ロシア政策の経済的事実を英露の政治的外交関係と結びつけることで、上述の貿易政策をめぐる言説に意味を持たせている。当初の予定では『真理』の全文を転載させるつもりであったが、それに代わってマルクスがそれを簡単に「要約」することで終わっている。著者にとって、それは政治的英知の指示書(Gebot)であり、モスクワ人に当時のバルト海域におけるすべての領有地を放棄させ[90]「軍艦の代わりに商船で満足する」ことを求めるものである。しかしながら、ロシアとの紛争が拡大するにつれて、「戦争は不可避になるだろう」。一般的に言えば、

「モスクワ国家のバルト海からの追放が今やわが内閣の主要な目的である」ということである。[91]

d　原著者よりマルクスにとってもっと重要であった――批判的英小冊子の教訓

この『真理』からの一節が『一八世紀の秘密外交史』第五章と第六章を決定づけている。前の二冊と同じく、この小冊子もピョートル一世時代のロシアがイギリス（そして西洋世界全体）にとって危険であるという信念に基づいている。この小冊子の著者たちにとって、それは大きな意味を持っている。マルクスにとっては、それよりもっと大きな意味がある。マルクスは一八五三年以降、世界史的な視点からロシアが脅威になる可能性について検討していた。しかしながら、彼は当初、ロシアの脅威が効果的ではないと考えた。イギリスの外交官であるアーカートが一八五四年、ロシアが世界の支配者に躍進するであろうと語った時、マルクスは彼を「妄想家」と考えた。[92]さらに同年、エンゲルスがピョートル一世とその後のロシアは西欧諸国にとって深刻な危険ではないと指摘した際、マルクスも基本的には同じ見解であった。だが、一八五五／五六年冬、事情が変わる。この変化を決定的にしたのは、明らかに『北方の危機』というパンフレットであった。

『北方の危機』の著者は、抜群の理解力をところどころで古典的な色彩を帯びている辛辣なユーモアと結びつけている。「防衛条約」に関する「疑問点」の作成者であるイギリスの国会議員たちは、親ロシア派政治家がおこなった売国行為を取り上げて、驚くほどの鋭さで向き合っている。そして、『真理』の著者であるジョージ・マッケンジーは一七一〇年から一七一五年の間（つまりピョートル一世改革の絶頂期）駐サンクトペテルブルクのイギリス大使であり、しかも、ピョートル一世の要請で免官されたという事実が、彼によって書かれた小冊子に特別な信憑性を与えている。しかしながら、このマルクスも承知していた事実はともかくとして、[93]『北方の危機』の匿名著者がさまざまな現実の出来事から「普遍的」視点――単なるマクロ的視点ではなく、普遍的視点――を見いだそうとしている努力が、マルクスの心により響いたのである。マルクスの理解によれば、その「警告文」の著者は、一連の出来事の中から「ロシアの普遍的システム」(the general system of Russia) を発見した。そして、彼は歴史の創造者であるピョートル一世に注目し、彼の「性格」と「目的」における特性を見極めようとしたのである。これはきわめて特別な概念枠組みであり、これによって、三つの批判的小冊子が提示したさまざまな史実がマルクスにとって意味を持つようになった。さらに彼は、ロシア帝国の力が西洋世界にとって本当に脅威であると信じるようになっていく。しかし、マルクスの立場からすると、上記の枠組みは三つの小冊子の著者たち、とりわけ一番古いパンフレットの匿名著者が提起した問題を解決するには、まだ不十分であった。

『北方の危機』の著者は一八世紀の教養豊かなヨーロッパ人である。彼にとって、ラテン語を引用するのに何の不自由もない。発想に富んだ序文において、彼は自分の読者に対して、英露関係を理解するために「国際法」のみならず「国家学」も参照すべきだと求めている。しかし、彼の文章からもわかるように、著者が求めていることは、実際に解明したものよりも多い。ピョートル一世のロシアの制度に関して、彼の特徴づけ方はジャン・ボダンの国家権力上の「王制」[94]に対峙する「君主制(専制)」的な絶対権力のイメージに似ているが、彼はこれらの概念を議論の中でさらに発展させることはなかった。『国家論』の著者であるボダンが一五七六年、それと関連して論じていたのとは異なり、アジアとアフリカで一般的に見られる専制主義が地理的にヨーロッパに属する国の中で、トルコとロシアという二カ国だけに存在するとパンフレットの著者は言及しなかった[95]。

マルクスは『北方の危機』の作者を過大評価していた。他の二つの小冊子の書き手と比べると、彼はたしかにより広い物事の相互関係に目を配っている（私のジャーゴンを使えば、彼はメソヒストリカルな相互関係を見いだしていたのである）。しかし、彼はそこで立ち止まってしまう。マルクスは古典国家学の思想に根ざし、しかもボダンよりマクロな歴史的要素をさらに推進させたのである。『北方の危機』に見られるロシアにおける特別な形態の絶対主義と政治的奴隷制に関する叙述は、マルクスにとってけっして十分なわけではない。

この三つの小冊子は、恐ろしい現実を現代の世界史というドラマにおけるロシア人の主人公たちに帰している。マルクス自身は一八五六年以前、それに気づいてはいなかった。ところが、マルクスはこの現実を科学的に認識するには、「ロシアの普遍的システム」がそれなりに解明されなければならないとしている。歴史的発見の前にそれができなかったマルクスは、今やそれができるようになったと感じている。『一八世紀の秘密外交史』第四章を終えた後、マルクスは史料の提示をやめて、新たな形でロシアに対する評価について述べている。彼は『真理』を見落としたわけではない。既に述べたように、彼は終章においてまた『真理』に戻ったのである。しかし、マルクスは第五章の冒頭で次のように宣言している。「『真理は時宜を得た時にだけ真理である』と題された小冊子の分析――この分析によりわれわれは外交的暴露の導入を終えることにするが――に入る前に、ロシア政治の一般史について、いくつか予備的な所見を述べておくことが適切であろう[96]」。

IV ロシア政治に関するある新しい歴史草案――大摑みで不安を煽るようなもの

マルクスは自分が計画している歴史的スケッチを「暫定的」だと述べた際、彼が明らかに伝えたかったのは、このテーマについて自分が当時おこなった考察よりも詳細な研究が必要だということである。さらに彼がここで簡潔なロシア政治の「通史」を提供したいといったのは、自分がこれら国際関係における秘密を暴くことによって、ロシアの外交のみならず、内政についても念頭に置いているという意味である。マルクスは、一八四五年以来、ある国の政治諸現象を必ずその社会の全体の中で考察するようになっていた。さらに彼は一八五三年以来、ロシア社会の全体が東洋的世界の全体と結びつけられていると確信した。また、一八五六年以来、彼はそれら「アジア的」なものがピョートル一世と西欧世界の関係に「劇的（悲劇的）に」影響していると確信したのである。そのため、彼は自分の最新の発見が「決定的な歴史的意義」を持つのかどうかと考えた（一八五六年六月二一日の書簡）。半アジア的（モンゴル的）な解釈なのか、それとも擬似西洋的（ピョートル一世的）な解釈なのか。これらの（発展論的）解釈は正しいのだろうか。それとも、それ以外の（停滞論的）解釈が正しいのだろうか。

（1）モンゴル的な分水嶺

マルクスは一八五三年夏、ビザンツの影響に言及し、リューリク朝を近代ロシアの起源だと考えた際、[97]ツァーリ時代のロシアに対するタタール的なものの意義について気づいたため、この仮説を間接的に留保していた。ところが、新しい発見がきっかけとなり、マルクスが一八五六／五七年、ロシアのアジア的（半アジア的）な背景について再検討することとなった際、彼は上記の仮説を直接に否定した。後世のさまざまな初期ロシア史、[98]そしてモンゴルによるロシア支配の役割[99]をめぐる考察の結果よりも先に、マルクスは『一八世紀の秘密外交史』でモンゴルの占領がロシアの発展に決定的な役割を果たしたと強調している。第五章において、「リューリク朝の政治は、近代ロシアの政治と根本的に違う」と指摘したのである。[100]

（2）「封建的」発端――せいぜいのところプロト封建

マルクスは『一八世紀の秘密外交史』において、リューリク朝の一般的特徴について追究していた。これらの特徴は彼にとって、もはやビザンティン的な意味でのアジア的なものではなく、むしろ初期封建的なものではないかと考えていた。ノルマン人によるロシアの征服に関する叙述の中で、マルクスは東ローマ（コンスタンティノープル）がヴァリャーグ人にかけた「魔力」を発見している。だが、マルクスは「リューリク側の戦争と征服の組織は、残りのヨーロッパのノルマン人のそれらと少しも異なるところはなかった」——つまり、カール大帝時代のヨーロッパ——と考えていた。ノルマン人占領時のロシアにおいて、「封土なしの主従関係または貢納のみからなる封土」が存在している。一元化されていない帝国、最終的にそれは「征服者の子孫の間で諸邦に分けられ、分割され、再分割され、封土をめぐる戦争によってばらばらにされ、諸外国民の干渉によってずたずたにされた」のである。[101]

キエフの世界がいかなる封建的発展の萌芽を用意したにせよ、その世界の崩壊によって潰されるというわけである。それをきっかけに、モンゴル（タタール）人は当時不安定な状態にあったロシアを彼らのくびきのもとに追いやることができた。マルクスの言葉を借りれば、「チンギス・ハンの恐るべき出現」である。これは転換点に導く事件であり、全く異質な歴史的展開の到来を告げるシグナルである。「ノルマン時代の粗野な栄光ではなく、モンゴル奴隷制の血泥が、モスクワ国家の揺籃を形づくるのであり、現代ロシアはモスクワ国家の変形にすぎないのである[102]」。

(3)「モンゴル的奴隷制」、「モスクワ国家の権力」と「アジア的諸民族」

モンゴル的奴隷制。マルクスがモスクワに関する叙述をこの概念から展開する際、それはいったいどのようなことを意味するのだろうか。これに対して、『一八世紀の秘密外交史』でマルクスが答えを提示していないことは理解できなくもない。彼によれば、モスクワは政治としてのモンゴル的奴隷制に原点があり、タタールのくびきから「解放」されたあと、さらにピョートル大帝治下のモスクワにおいても、モンゴル的奴隷制が依然として残っていた。[103] そのため、今われわれはマルクスが前後の文脈で提示した（あるいは提示できなかった）情報に目を向けなければならない。さらに、他の場合と同様に、ここでも彼ののちの説明による解明に期待しなければならない。

マルクスは、モンゴル人が家畜を飼育していることを知っている。自分たちの支配下にいる人間を家畜のように扱った――つまり、自分たちの都合により、獣のように残酷に扱ったのだろうか。マルクスによれば、タタールの支配が終わっても、イヴァン三世は依然としてイヴァン一世が導入した「支配者になった奴隷」の政治を維持していた。イヴァン三世の統治において、ロシアの国民性は「啓発される」というより、むしろ「縮んで」しまったようである。[104] それははたして、モンゴルの奴隷制を通じて、よりひどくなったということなのだろうか。

この問題についてマルクスは、イヴァン三世の政治の文脈においても、イヴァン四世（イヴァン雷帝）の政治の文脈においても、ピョートル一世の関連においても論じなかった。イヴァン雷帝に関して、マルクスはあまり言及しておらず、若干の箇所で一六世紀にモスクワが西方と南方でおこなった「疑わしい」[105] 拡張に触れるにとどまっている。彼はこの政策はイヴァン三世が導入した制度の延長として捉えているようだが、おそらくマルクスの文脈においてはそうなのであろう。彼からすると、モスクワの奴隷化政策が継続的に存在しているのは、明らかにピョートル一世の責任である。ところが、同時代のロシアや外国の観察者が主張したピョートル一世の残虐な内政に関しては、マルクスは明言しなかった。最近、ロシアの動向がこの問題に対して新たに悲しむべき意味を与えている。これによってわれわれは、マルクスのこのような奴隷制の問題に関する見解に対して、以前より高い関心を持つようになっている。

モスクワ国家の権力。この現象について、マルクスは第五章で論じている。さらに、第五章と第六章において、マルクスはそのような力が「アジア諸民族の停滞的性格と限られた関係によって狭く限界づられて[106]」おり、ある種の特別な「作用」として現れたとしている。

アジア的諸民族。エンゲルスから着想を得たマルクスは一八五三年、アジア的（東洋的）諸民族の政治的課題を確定しようとした。それによれば、彼らの課題は、内政において、国家が支配する「公共事業」にある。[107]（中央集権的）「金融」体系、財政国家、そして国家によって管理され集中される大型「公共事業」にある。とりわけ、東洋において財政的に管理された、無数に分散している村落での農業（灌漑経済）にある。インド[108]（そしてアジア一般）に関する考察の第一弾において、マルクスはアジア的な権力メカニズムが経済的（治水的）ファクターに起因すると主張したのである。さらに、このメカニズムが存続できるのは、アジア特有の村落制度によって守られているからである。『一八世紀の秘密外交史』が出版される以前の一八五三年、さらにその出版後も、『資本論』の第一巻において、[109]アジア的村落の組織的に優れている財政的側面について、マルクスは何度も言及している。アジアの最も重要な二つの内政部門のうち、モンゴル時代でもポスト・モンゴル時代でも、ロシアが持っているのはただ一つ、すなわち財政であった。

以上の文脈で、エンゲルスからの刺激的な示唆を得て、アジア的国家の最も重要な外交機関を軍隊に求めた。[110]にもかかわらず、マルクスは集権化された軍隊については論じなかった。おそらく、財政的な発展（当初は治水管理に基づいているが、のちに治水と関わらない形で発展）が決定的だと思ったからなのだろうか。モンゴル征服以前のロシアをめぐる考察において、マルクスは当時の戦争の仕方を

「封建的」と呼んでいた。モンゴル征服時代やその後のロシアに言及する場合、同じ言葉が使われていなかった。ウェーバーは五〇年後、「旧来」（ピョートル一世以前）そしてピョートル一世時代の門地制（位階制度）に対する分析において、ピョートル一世時代とそれ以前の軍隊の特徴について触れている。[111] マルクスがそれを見落としたのは、彼の不完全な分析による欠点であり、きわめて残念なことである。さらに残念なのは、このメカニズムの発展が、まさにモンゴル征服時代とその後のロシアの成長に関するマルクスの描写にピッタリと当てはまることである。

先駆けであるイヴァン一世、モスクワのタタール化されたロシアの支配者は、自分の領土を財政的な中央集権国家へと変貌させた。イヴァン一世はモンゴルのハンを説得して、「ロシアの全世帯の徴税人を任命する」ようにした。必要な場合、イヴァン一世は明らかに武力の扱い方においても優れていたが、財布の紐を握ることに最も成功した。それをもって彼は「モスクワの力の元祖」になったのである。臣下たちからも、彼は「カリタ」（財布）と呼ばれるが、それはなぜかといえば、彼が武力ではなく、財政政策をもって成功したからである。[112]

イヴァン一世がモンゴルから「模倣」した奴隷化という政策は、アジア的デスポティズムの一つのモンゴル的パターンであり、それはイヴァン三世によって維持されたものが発展していったのである。それはピョートル一世の時代、さらに現代のロシアにおいても、何も変わらなかった。マルクスはこの一貫性についてのテーゼを二度にわたり打ち出している。まずは、彼がロシアのモスクワ帝国における「転換」、つまり、ピョートル一世のそれが東洋と西洋両方の影響を大胆に融合した試みだったと論じたケースである。マルクスが明確に明らかにしようとしたのは、上述の転換と融合において、アジア的（モンゴル的）な起源が基本的かつ永続的な要因だということである。「単に名前と日付を入れ替えれば、イヴァン三世の政策と近代ロシアのそれとの間に存在するのは、相似性ではなく、同一性であることがわかるだろう」[113]。ピョートル一世の時代とその後の時代においても、アジア的（モンゴル的）要素が決定的な重要性を持つとマルクスは主張する。さらに、マルクスの基本的論点にはわれわれが無視できない大きな問題が孕まれている。そのため、ここでマルクスの同一性に関する第一のテーゼのすぐあとに続く第二のテーゼの骨子を引用しよう。「イヴァン三世としては、イヴァン一世のカリタによって遺贈されたモスクワ国家の伝統的政策を完成したにすぎない。モンゴルの奴隷、イヴァン・カリタ」は、「最もみじめな奴隷制の、あらゆるたくらみを一つの体系に仕立て上げた。公然たる力の行使そのものは、陰謀と買収および隠れた簒奪の体系には、ただ陰謀としてしか入り込むことはできない。イヴァンは、自分が毒を入れる前に、打撃をくらわすことはできない。目的の単一性は、彼には、行動の二面性となった」。「このイヴァン・カリタの政策方針は、支配人種と服従人種の双方の特有な性格によって、イヴァン・カリタに霊感を与えたところのものである。イヴァン・カリタの政策は、依然としてなおイヴァン三世の政策でもある。それは名前や位《くらい》、敵対勢力の性格がどんな変化を経ようとも、なおもピョートル大帝と近代ロシアの政策でもあった」[114]。

（4）ピョートル一世――「近代ロシアの政策の創案者」

ここでは、ロシアの簒奪政治、つまりロシアの外交について論じている。しかし、それと同時に、マルクスはロシア（モスクワ）の内政、つまりモンゴル的奴隷制を強調したのである。さらに、ピョートル一世によって押しつけられた転換について論じた際、彼は再びモスクワによる「簒奪の方法」にまず言及している。ここでもマルクスは、外交に関する考察に対して、ピョートルによる内政のいくつかの重要な指摘を加えたのである。さらに、第五章の最後の段落で、ある政治的局面から別の局面に移る際、マルクスが再び強調したのは、モンゴル征服からピョートル一世の時代に至るまで、ロシア政治の肝心な部分は国内政治であり、しかもこの国内政治ではモンゴルの奴隷がモンゴルの土地と結びついていたということである。「モスクワ国家が育まれ、成長したのは、モンゴル奴隷制の恐るべき卑しき学校においてであった。それは、農奴制の技巧の達人になることによってのみ力を集積した。解放された時でさえ、モスクワ国家は、伝統的な奴隷の役割を主人として実行し続けていた。長い時間の末、ようやくピョートル大帝は、モンゴルの奴隷の政治的技巧に、チンギス・ハンの遺言によって遺贈された世界征服というモンゴルの主人の誇り高き野望を結びつけた（115）」。

a　新たな簒奪の方法

ピョートル一世のバルト海沿岸地域への進出については、二つの基本的側面がある。まず、外交面において、ピョートル一世はこれによって自らの権力をヨーロッパ領に浸透させ始めたということ。それはこれまで、他の沿岸部の征服によって達成できていない。これによって彼は、「一撃」でロシアの「北方諸国家における支配権」を確保し、「ヨーロッパのあらゆる地点と即時にかつ不断に接触させる」ようにしたのである（116）。

マルクスはここで、この状況の政治的、社会的意義に言及している。この論考において彼は、ある歴史地理学的なテーゼを打ち出している。それは彼がエンゲルスとともに一八四五／四六年に構築したものであり、それ以前のマルクスが得た見解においても論証されている。[117]それはマルクスの現実的（唯物論的）原則の一つに関連しているがゆえに、マルクスの不完全なる描写では議論されていないが、もっと詳細な分析が必要である。

b　ピョートル一世の新しい外交政策の成功が頼る新たなツール

ピョートル大帝は、新しいロシアの政治を発明した。それはある新しい内政に依拠する新しい外交手段（簒奪）を発明することによってである。マルクスによれば、ピョートル大帝がそのような「創案家」になったのは、「他国浸食に関する古きモスクワ国家の方式から、単なる局地的性格およびその偶有的な混合物を取り除き、それを抽象的な公式に仕上げ、その目的を一般化し、かつ力の与えられた限界の廃棄から、無制限の力への熱望へと、その対象を高めることによって、そうなったにすぎないのだ[118]」。

これらの文言で、マルクスが主張したいのは、ピョートル一世の改革が単なる空間の変化を目指しているだけではないということである。上述した引用段落の最後で、彼はこの変化がロシアの「体系《システム》」に関わるものだと断定している。「彼（ピョートル一世）は、ただいくつかの属州の単なる追加によってではなく、この体系の一般化によって、モスクワ国家を近代ロシアへと変貌させた」。さらに、第五章の最後の段落で、上に引用したすべての段落からの洞察について総括している。その中で彼は、最後の一行のみでロシアの外交について触れたが、国内政治、つまり「奴隷制」については数回言及している。ここで（第五章）でマルクスは、奴隷制という表現に関する具体的意味について説明しなかった。しかし、第五章と第六章において、ピョートル一世の臣下（「奴隷」）がロシアの新しい外交・内政の道具になった時点で、新しい役割を果たし始めたことをマルクスは明らかにしている。

『北方の危機』の著者によれば、ピョートル一世の政策が成功できたのは、基本的にツァーリの「性格」によるものである。その「目的」を達成するために、ピョートル一世は彼の天才的な個性によって、既に存在している「偶有的」な状況から最も良い結果を実現すべきだと理解していた。[119] ここで性格の重要性に関する叙述は、マルクスにとって十分ではない。マルクスはピョートル一世の性格の内面と重要さをさらに具体化することをせずに（彼はそれを黙認していたが）、一般的な政治的（制度的）アプローチの重要性について強調したのである。

マルクスの解釈に従えば、ピョートル一世は西欧諸国を自分の目的で利用するために、「ロシアを文明化せざるを得なかった」（強調はマルクスによる）。それを実現するため、彼は西欧諸国の道具を使い西欧諸国と戦う必要があった。「バルト諸州を把捉することによって、彼は同時にこの過程に必要な道具を捉えた」。こうして彼は一方で、「西側において、政治的・軍事的行動の体系を実施するための頭脳としての外交官や将軍」を獲得した。さらに、これらの地域がピョートル一世に「大勢の官僚、教員、訓練教官をもたらした。これらの人びとは、ロシア人を西側の人びととの思想に染めることなしに、西側の人びとの技術応用に順応させ、彼らに文明の装いをまとうよう訓練することとなった」[120]。

この議論は、一八五四／五五年にエンゲルスとマルクスが考案した見解の間の違いとして明白である。前者によれば、ピョートル一世がロシアに西洋文明を押し付けようとした試みは、当然のことながら土着化されない。この試みは「野蛮な」または「半野蛮な」手段でおこなわれたため、西欧諸国との直接的な衝突において敗北するに決まっている。そこから、西欧諸国は最終的にダメージを受けることなく、おそらくこれまで以上に強い形で現れたのであろう。

これら一八世紀のイギリスで書かれた批評的小冊子に含まれている情報を目にしたマルクスは、ピョートル一世が実現したのは見せかけの転換ではなく、本物の転換であると確信した。それは、野蛮なあるいは半野蛮な手段でおこなわれたわけではなく、西洋と西洋人、さらに西洋で身につけるさまざまな能力からの影響を受けた新しい力、つまりピョートル一世の「性格」によっておこなわれたのである。このような転換が西洋に与えた影響は前代未聞である。実際、西洋諸国にとっては、この転換は彼らの力を弱めることであると同時に危険でもあった。今やマルクスは、ロシアがいかに西洋文明を効果的に利用したかを認識できるようになっていた。その理由は、マルクスによれば、ロシアの「創案者」が西洋文明全般を無条件かつ無差別に取り入れるつもりはなかったことにある。彼が征服したバルト諸地域の高い教養を示す諸要素、例えば、「西側において、政治的・軍事的行動の体系を実施」できるような有能な頭脳やこのシステム自体は、西側の影響を受けており、バルト諸国の外交官や将軍にとって馴染みのあるものであり、ピョートル一世自身もある形で身につけたものである。『北方の危機』の著者のこのような描写は、マルクスにとって基本的に納得できるものであった。

第二グループの「道具」、つまり、バルト地域の下級官僚という集団の場合、もちろん、「頭脳」ほどには西洋文明の思想に精通しているわけではないと考えられた。このグループのメンバーに期待されたのは、彼らが十分なる技能を持つ、東洋文明の影響下にあるロシア人に「西洋諸民族の技術的成果」、つまり西洋文明についての「見せかけ」の教えを受けさせることである。平民の操練官たちは西洋世界のそれぞれの部分の「頭脳」と協働しながら（それぞれのグループが自分なりの方法やレベルで）、新たな簒奪システムがロシアの領土に吸収されたのち、選択された西洋的影響を押し付けたのである。

このシステムこそピョートル一世が東西文明を「大胆に融合」した発明であり、東側の支配者たちがそのシステムを「普遍化」し、西洋の影響と文明の要素を利用して西洋を略奪することを可能にした。それによって、新しいロシアは、西洋の「限りなくかつ普遍的な」可能性[121]、すなわち西欧諸国を征服するために使えるようになったことになる。

マルクスが『一八世紀の秘密外交史』第五章の終わりで、ピョートル一世を「近代ロシアの政策の創案者」と呼んだ時、さらにその黙示録らしき総括において、ピョートル一世はチンギス・ハンのロシアでの後継者として、この恐ろしいモンゴル支配者の「世界征服」の野心を相続したと述べている。マルクスはその際、このシステムを明らかに念頭に置いていた[122]。

このシステムは一八世紀初頭、現実的（かつ効果的）なものであったため、新たな柔軟かつ「文明化された」ロシアは「北方諸国の脅威」となるほどの存在になっていく。一九世紀半ばごろ、このシステムは現実的（かつ効果的）なものであったため、新しいロシアは「西欧諸国への脅威」になっていた。その際、西方のスラヴ諸民族はピョートル大帝の後継者によって征服され、それによって、「ロシアは（このやり方で）汎スラヴ」に変貌することになったといえる[123]。

上述の世界史をめぐる見解のクライマックスにあたるマルクスの見通しは、必ずしもそのまま現れるとは限らないが、現実になる可能性がある。これを活字化する時に、マルクスはまだ理論的発展と実践的検証が必要であると感じていた。だが、マルクスははたしてこれを成し遂げたのであろうか。ロシアのマルクス主義者たちはこのことを理解していたのだろうか。チンギス・ハンの後継者たちはアジア的復古の重荷を軽減したのだろうか、それともそれに加担したのだろうか。世界史の偶然と自由をめぐるマルクスのメッセージは、われわれのアジア的復古との闘いに役に立てられるのだろうか。

V　マルクスの『一八世紀の秘密外交史』を超えて――「アジア的復古」

一八五六年から五七年にかけて書かれた一連の論文において、マルクスは近代資本主義がよりよいかつ自由な世界（彼が社会主義または共産主義と呼んだ社会）に発展していくより、新しい形のアジア的専制によって浸透されるリスクがあると最も明確に述べている。しかし、これらの論文に基づき展開される予定であった研究は、[124]マルクス自身ではおこなわれず、ただその序文にあたる『一八世紀の秘密外交史』が書かれたにすぎない。[125]そのため彼は、自分の発見を実証したり、それを体系的に発展させたりするといったことが実現できなかった。ところが、不完全とはいえ、マルクスは引き続き、『一八世紀の秘密外交史』で言及したロシアと西欧の関係をめぐる問題意識を抱き続けたのである。この問題に関して、マルクスはのちの考察で明らかになるように、一八五六年に見いだした「決定的な歴史的意義」[126]をさらに重視するようになったが、それはけっして単なる歴史学的な理由によるわけではなかった。

一八五七年夏から一八五八年春にかけて書かれた一連の論考においてマルクスは、この問題の理論的側面を扱った。それは経済学者バスティアとケアリーをめぐる批判的な考察（一八五七年七月）[127]であり、マルクスの経済研究「序説」（同年八月・九月）[128]であり、その後、数カ月で作成した膨大な『経済学批判要綱』である。これら未発表の原稿において、マルクスが一八五六／五七年時点で辿り着いた新しい洞察について、必ずしも詳しく検討されてはいなかった。たしかに、バスティア、ケアリー関係の手稿においてマルクスは、近代政治経済学の限界について指摘している。[129]だが、政治的ロシア対経済的イギリスという格言らしき比較を除いて、マルクスは自分の批判について詳しくは説明しなかった。「序説」においてマルクスは、「本当の歴史叙述」[130]の重要性について指摘している。それはバスティア、ケアリー関係の手稿[131]においても、『一八世紀の秘密外交史』[132]においても、実際、既に一八五一年四月二日の書簡においても指摘したことがある。[133]その書簡において彼は、自分の批判的政治経済学研究を「経済学のごたごた」と呼んだが、一八五七年以降、彼がきわめて重要だと考えていた「国家形態」については詳しく触れなかった。[134]さらに、ロシア史を通じて特別な意味を獲得した発展形態論についてもマルクスは触れなかった。「第二次的なものや第三次的なもの、一般に派生的な、転移された、本源的でない生産関係。ここで国際的諸関係の作用」。[135]

『経済学批判要綱』を構成している二つの経済をめぐる章において、国家形態（および所有と共同体）[136]に関する議論がある。ここでマルクスは、アジア国家の水力的起源とさまざまな社会発展における自然条件についてとりわけ注目していた。[137]しかし、こうした理論的な切り口に向き合い、さらに体系化する代わりに、マルクスはいくつか重要な糸口を無視してしまった。「史実に基づく叙述」にもっと注意を払う代わりに、マルクスは『経済学批判要綱』を著し（一八五八年四月から一一月までの間）[138]、一八五九年一月上旬に完成した序文（『経済学批判』「序言」）を付けた。[139]のちに著名になったこの序文において、彼はこれまでの東洋的社会における「停滞性」をめぐる洞察を無視し、[140]「アジア的」生産様式について「経済的社会構成の累進的諸時期」の一つとして記述していたのである。[141]

理論レベルでマルクスが一時的に後退しているのは、彼のピョートル一世とその後のロシアに関する分析が政治的側面に移行していたからだ。例えば、一八六〇年に書かれた小冊子『フォークト君』において、マルクスは『一八世紀の秘密外交史』でピョートル一世とその後のロシアにおける無限なる柔軟性に基づいて得られた結論には言及しなかった。その代わりに、農奴の解放（実際には一八六一年におこなわれた）により「ロシアの攻撃性を一〇〇倍増大させる」という仮説[142]を打ち出しただけである。農奴解放が内部からの抵抗を解消させることで、独裁的なツァーリ政権が強化される結果となった。[143]さらにマルクスは、フランスやドイツの上流階級の間に広がる、ロシアの体制を「親しみやすく進歩的」とする捉え方が危険な幻想を生み出す可能性について指摘している。[144]この幻想に関してマルクスは、はるか以前の一八五六／五七年ごろ、とくにイギリスのケースに即して論じていたのである。

一八六四年一〇月、第一インターナショナルの創立宣言においてマルクスは、新しい労働者組織が国際政治の側面で向き合うべき問題について、一つだけ明言している。つまり、ロシア問題についてである。[145]彼によれば、ヨーロッパの上流階級に「抵抗されず前に進んでいく」ロシアの「とてつもない侵入」に対抗する力がない。なぜなら、これら近代的経済国家の支配者たちによる「恥知らずの喝采」、「見せかけの同情」、「愚かな無関心」でロシアの暴挙を容認してきたからである。[146]新たな協同的生産様式を目指している組織労働者は、ロシアの侵略に対抗する可能性をめぐる唯一の力である。それはたしかに可能性ではあるが、即戦力ではない。この一五年の間、労働者たちは相次いで敗北を味わってきた。[147]そのため、マルクスは別の道に専念することにした。『経済学批判要綱』においてマルクスは、既に「強制的」結社と「自発的」結社の違いについて触れていた。[148]ここでマルクスは、「協働的システム」における「協同労働」をめぐる成果を称賛し、それを「原理的には優れており」、かつ「実践的には役に立つ」と評価した[149]。しかし、このような画期的発展を遂げるために、当時まだ満たされていない政治的条件が前提となっている[150]。つまり、マルクスは、組織された労働者階級がロシアの侵略を阻止するとまでは期待していなかった。彼が期待していたのは、単に「それぞれの政府の外交行為を監視し、必要な場合に反対し、先手を打つことができない場合は、団結して政府の外交行為を批判する」ことだけである[151]。

国際労働者運動が団結していく中で、ロシアの権力体制に対応し得る新たな〈協同〉経済様式、および抵抗勢力がうまく形成できるであろうというマルクスの期待が強まっていった。創立宣言を執筆した時点でマルクスは、ロシアの権力体制を「野蛮」と表現するにとどまっていた[152]。だが、一八六六年夏、ジュネーブにおける国際労働者協会第一回大会に参加するロンドン代表団のために起草された「議案書」において、マルクスはロシアを「暗黒のアジア的強国」と非難し、ロシアの「本質的な崩壊」について主張している[153]。すなわち、そのための最初の一歩は「ポーランドを民主主義的基礎の上に再興することである……。このヨーロッパにおける大問題が解決されないうちは、労働者階級の運動はたえず妨げられ、阻止され、その発展は遅らされるだろう」、と[154]。

マルクスは一八六四年、ロシアの支配下に置かれたポーランド人たちが受けていた苦難について指摘している。さらに一八六六／六七年、マルクスのポーランド人に対する敬意はさらに増幅していった。当時、ポーランド人たちの運命を誰もが嘆き、彼らのロシア征服者に対する抵抗は政治的意識の高い労働者たちから同様に賞賛されたのである。一八六七年一月二二日、ロンドンで開かれたポーランド関係の会議において、マルクスは演説をおこない、このテーマについて真剣に取り上げた。彼は「ポーランド人」を「モンゴルを撤退させたヨーロッパの不滅の騎士」と呼んだ。しかし、ヨーロッパの労働者に対する彼の訴えは不明確（しかも具体的ではない）であり、同じように、彼のポーランド人に対する訴えも曖昧でユートピア的であった。「……ヨーロッパの選ぶ道は二つのうち一つしかない。モスクワに率いられるアジア的野蛮が、なだれのようにその頭上に襲いかかるか、それともポーランドを再興し、そうすることによって二〇〇〇万の英雄によってアジアからわが身を守り、自己の社会的改造を完成させるために、時間をかせぐべきかのいずれかである」(155)。約一〇〇年後、スターリンとヒトラーの間で締結された条約によって、東西ポーランドがそれぞれソ連、およびナチス・ドイツに分割された。第二次世界大戦の終戦時、西側の愚かで無関心な政策のせいで、ポーランド全体、さらには東ヨーロッパがソ連の陣営に乗っ取られてしまった。今世紀の大きな歴史の展開の中で、マルクスのマクロな政治的視点は、決定的局面において残酷な現実としてあらわれたのである。

マルクスはパリ・コミューン以降、ロシア解放の新たな可能性を見いだした。さらに一八七〇年代、いくつかの激動を伴う出来事があったとしても、マルクスはロシアのアジア的な背景をめぐる基本的見解を諦めなかった。

ロシアのマルキストたちは一九世紀末、マルクス（およびエンゲルス）が案出したこと(156)を引き継ぎ、ロシアの「アジア的」性格をめぐって歴史的現象としてだけでなく、生きている現実として語った。プレハーノフが一八八五年、既にアジア的復古という概念を作り上げていたことは彼の功績である。その数年後、プレハーノフは彼のアジア論の一環として、ピョートル一世の政治についても言及している。[157] ただし彼は、「古いモスクワ的ロシア」の経済、および国家行政生活について、「真にアジア的性格」[158]と述べたが、彼自身の（治水工事に関する）基準に従えば、[159]ロシアは一度もそのような性格を帯びたことがない。このため、プレハーノフの所論における説得力は大幅に弱まった。プレハーノフはピョートル一世によるロシア国家行政の「欧化」と「西洋的成果」の輸入[160]を区別せずに混淆することで、マルクスが『一八世紀の秘密外交史』でおこなっていたピョートル一世による西洋文明をめぐる断片的な摂取が西洋を弱めて征服するためであったという議論を薄めてしまったのである。彼は初期のアジア的復古の可能性をめぐる構想において、マルクスのロシア論（およびチンギス・ハンの遺産に関する所論）についての肝心な要素を無視してしまったせいで、プレハーノフの議論には、一八五六／五七年のマルクスの歴史的発見が持つ情け容赦のない力が見られないのである。

一九〇六年のストックホルム大会においてロシア社会民主党が討論をおこなった時点での、開かれたロシア国内の歴史的状況を考えると、プレハーノフがレーニンの提唱した国有化計画に反対する際、マルクスのピョートル・ロシア論が理論的にも実践的にも（社会的＝組織的に）体系的に利用されなかったことはきわめて残念なことである。レーニンが『一八世紀の秘密外交史』を矮小化しようとしたのは、彼がその議論を恐れていたことを示している。さらに、アジア的復古論に対する彼のアンビバレントな態度は、これらの論点が自分の革命が引き起こした危機と関連づけられるのを恐れていたことを示している。独裁的に中央集権化されたロシアは国家制度における管制高地を占領するだけではなく、国の最も重要な二つの経済部門、つまり、工業と農業を独占的かつ専制的に支配することとなったのである。レーニンはこのような発展に内在する潜在的威力をたしかに過小評価しており、アジア的復古を古いアジア的体制と同一視してしまった。[161] レーニンは晩年においてさえ、アジア的なるもの（Aziatscina）の亡霊が心の中に再び現れた時、[162] マルクスの『一八世紀の秘密外交史』での論点、つまり、彼とプレハーノフの政治的警告という、恐ろしいまでの歴史的かつ制度的発展をめぐる論点には言及しなかった。

プレハーノフと同じように、トロツキーとブハーリンも最も激しいマルクス主義的論拠でレーニンに反論しようとはしなかった。トロツキーは「アジア的」ロシアという学説を受け入れ、自分自身もその解決策を模索していた。しかし彼は、『一八世紀の秘密外交史』における関連見解に詳しいわけではない。スターリンとの間の失敗した闘争で、トロツキーは自らのアジア的復古に対する理論と実践をめぐる両義性ゆえにその代償を支払ったのである。[163]

ブハーリンもロシアに対する真のマルクス主義的理解には到達できなかった。彼は若き社会主義青年として、レーニンの隠されたアジア的冒険ではなく、ロシア革命に際しても本来の民主的立場を選択する機会があった。[164] 危機が新たな経済主導型政治を引き起こした時点で、彼はこれまで改造しようとしてきた世界の経済法則に対して、不安を感じ始めたのである。

ブハーリンはロシアが社会主義へと進歩できるか否かについて疑問を持ち始めたが、彼の革命の師匠であるレーニンのように、アジア的復古の起源と問題について洞察できなかった。一九二一年の「チンギス・ハン計画」[165] に対する警告、さらにスターリンを新たな「チンギス・ハン」[166] として苦言を呈していたにもかかわらず、ブハーリンはアジア的復古論の歴史的意義、および経済・政治におけるポテンシャルについて理解できなかったのである。彼はソ連が社会主義初期段階において「退化」していく可能性が十分あると気づいており、しかもこの退化が弱い資本主義の再建に向かうと想定していたものの、ある全く別の秩序、つまり半アジア的、チンギス・ハン的な秩序に退行するとは想定できなかったのである。その秩序の萌芽はピョートル大帝以来、近代資本主義経済の支配者たちと見事に対抗している。レーニンと同じく、ブハーリンもその完全なる世界征服と完全なる奴隷制まで発展しつつあったレジームの力を過小評価していたのである。それらはすべて、最初のささやかな動きから始まっていた。

プレハーノフ、レーニン、トロツキー、ブハーリンの決定的な歴史的・政治的誤謬はきわめて現実的な意味で、これらのマルキストたちがマルクスの警告に耳を傾けなかったことに起因している。マルクスは『一八世紀の秘密外交史』の今日性について強調していた。だからこそ、アジア的復古をめぐるストックホルムでの論争を経て、一九一四年のレーニンにとって『一八世紀の秘密外交史』は都合の良くないものになり、レーニンの後継者、とりわけチンギス・ハンの卓越した後継者であるスターリンと彼の後継者たちにとって、耐え難いものになったのである。それゆえ、われわれ西側の人間は『一八世紀の秘密外交史』をめぐる思想、そして後期マルクスにおける理論的・政治的発展の真の後継者である。それらの思想は「動機（利害）というダイナミズムが行動を促す」という歴史の軌道を方向づけたのである。マックス・ウェーバーが指摘したように、「物質的または理念的な動機（利害）が人間の行動を直接に支配」し得る。しかし、開かれた歴史的状況において、「理念によって作られた世界像」こそ、転轍手のように、人間が何によって、そして何のために救済してもらいたいのかを決定するのである。(167)

VI 「偶然」と「自由」――マルクスが残した最高の遺産

一八五七年の『経済学批判要綱』「序説」の最後の段落において、マルクスは主として物質的生産と生産諸関係の間の矛盾について論じている。[168]『一八世紀の秘密外交史』において、ロシア政治史ではこのような矛盾が生まれており、しかもそれが長い間続いてきたとマルクスは主張した。実際、ロシアがアジアに直接に接していることは、モンゴルのくびきやタタール化の過程にとって好都合であった。さらにロシアが半アジア的な方向に発展していくのは、まさにこの特殊な状況の結果であった。[169] はたしてこのような状況を別の方向に導くことは可能だったのだろうか。より自由な秩序を構築しようとする力はモンゴル的な奴隷制を制御できる可能性があったのだろうか。

マルクスは、ロシア史の最初の転換点（キエフ大公国の解体により、モンゴルに対するまともな抵抗の可能性が低くなった）にはあまり関心を示さなかった。彼にとっては、第二の転換点、すなわち、ピョートル大帝の時代が最も重要である。マルクスによれば、ロシアがスウェーデンとの戦争、さらにその後展開していく「ドラマ」において、流動的かつ普遍的で、しかも全面的攻撃に向かうような局面になることは十分避けられた。西側諸国の誤った判断により、ロシアのチンギス・ハンの後継者たちに世界に進出する機会を与えてしまったのである。

『経済学批判要綱』「序説」においてマルクスは、この歴史的矛盾の出現と持続に関して次のように書いた。「この見解は必然的発展として現れる。だが、偶然の権利。どうして。（自由など）交通手段の影響。世界史はつねに存在したわけではない。世界史としての歴史は結果である」[170]。偶然――開かれた歴史的な状況[171]。自由――そのような状況における選択の可能性。ある程度開かれた状況の中で、選択の自由が存在する。マルクスによれば、一八六〇年代の半ばごろ、旧来の上流階級は自由を選択する可能性を自主的に放棄してしまった。一方、組織労働者たちは日ごとに強くなり、その可能性を求めて闘っている。おそらく「自由の王国」を達成する可能性があったかもしれない[172]。ちょうどそのころ、マルクスは「自由の王国」という言葉を創り出していたのである[173]。

　自由の王国は、表面的判断から見えるほど自由ではない。さらに、それは組織労働者によって独占されるものでもない。しかし、自分自身の尊厳、そして隣人の尊厳を真剣に考えれば、それは理性を持つ人間の最も良い選択肢である。それは、マルクスが『一八世紀の秘密外交史』、さらにそこから発展させた思想を通じて、われわれに残した最高の遺産である。マルクスの遺産からわれわれが自らのものにできる、そしてすべきものは、われわれの行動を導く最高の指針である。

註

（1）この序文の多くの箇所において、筆者はマルクス『一八世紀の秘密外交史』の『フリープレス』で刊行されたオリジナルの文章についてエルケ・ジェセット、およびイーリング・フェッチャーによって完成されたドイツ語訳を文字通りに引用することとする。マルクスの所論に対して、仮に筆者の解釈が必要な場合、重要な箇所のドイツ語の表現はすべて筆者自身のものである。とはいえ、言葉遣いのうえでは可能な限り、筆者は今後とも感謝とともにジェセットとフェッチャーによるこの洗練された版を受け入れるつもりである。

（2）S. Wittfogel, *Problems of Marxism and Relations Between the East and West*, in: *The Soviet Union: The Seventies and Beyond*. Hrsg. v. Bernard W. Eissenstat, Lexington 1975, S. 59, 67. 以下、「1975」と略 (S. Max Weber, *Gesammelte Aufsätze zur Wissenschaftslehre*, Tübingen 1922, S. 205).

（3）A. a. O.

（4）Karl Marx - Friedrich Engels, Werke, (1957-1966) Ergänzungsband 1, S. 510ff. 以下、「MEW」と略。

（5）MEW 4, S. 77 ff. s. Wittfogel, *Russia and the Open Historical Situation. Marxism, Anarchism and the Asiatic Restoration*〔当時執筆中であったが、本人の生前には最後まで出版されなかった――石井記〕.

（6）MEW 4, S. 91 ff. und 126 ff.

（7）Georg Wilhelm Friedrich Hegel, *Sämtliche Werke* 8 (1955), S. 123 ff 162. 以下、「SW」と略。

（8）MEW 27, S. 228.

（9）MEW 4, S. 367.

（10）A. a. O., S. 446.

（11）A. a. O., S. 365 f.

（12）A. a. O., S. 365.

(13) MEW 5, S. 319 passim.
(14) MEW 6, S. 513 ff.
(15) MEW 27, S. 266 ff.
(16) MEW 9, S. 23.
(17) A. Iskander (Alexander Herzen), *Du développement des idées révolutionnaires en Russie*, Paris 1851. 以下、「1851」と略。マルクスとエンゲルスがこの著作の Karl Blind 版をお互いに交換した証拠として、s. MEW 28, S. 207, 209, 216, 220, 244 を参照。
(18) MEW 9, S. 129,131; MEW 28, S. 267, 269.
(19) A. a. O., S. 132.
(20) A. a. O., S. 216.
(21) S. Wittfogel, *Oriental Despotism, A Comparative Study of Total Power*, New Haven 1957, S. 196, 207 ff. 以下、「OD」と略。
(22) MEW 9, S. 221.
(23) A. a. O.
(24) A. a. O., S. 225 f.
(25) A. a. O., S. 226.
(26) Karl Marx, *The Eastern Question*（『東方問題』）. Hrsg. v. Eleanor Aveling and Edward Aveling, London 1897, S. 78. 以下、「1897」と略。
(27) A. a. O. S. 79, 81.『全集』において「神政帝国」といい (MEW 9, S. 236)、『東方問題』で、「理論上の帝国」になったが、とくに意味があるわけではない。それに対して、「神政」の表現がマルクスの「ビザンティン＝トルコ＝ロシア」という論点と一致する。それは前述した文脈、および他に類似する箇所においてはそう見える（s. MEW 10, S. 134 und MEW 12, S. 147）。
(28) Marx 1897, S. 80.

(29) A. a. O., S. 81.

(30) Montesquieu, *Oeuvres Complètes*, 2, Paris 1958, S. 527 f. 以下、「OC」と略。モンテスキューは、以前から「タタール」という書き方を普通にしている。マルクスも同じ書き方を使っていた。現代の東洋学の常識に沿って、筆者はマルクスを引用する場合でも「タタール」という書き方が好ましいと思う。本稿において、筆者は「タタール」と「モンゴル」という二つの言葉を同じ意味で使い、ゴールデン・ホルド（ジョチ・ウルス）の臣民を指す。s. OD, S. 219, Anm. h.

(31) Montesquieu OC, 2, S. 542.

(32) A. a. O., S. 541.

(33) Hegel, SW 11 (1961), S. 132.

(34) A. a. O., S. 149.

(35) A. a. O., S. 132.

(36) Marx, *Revelations of the Diplomatic History of the 18th Century*. In *Free Press*, London, 4. Februar 1857. 以下、「F.P.」と略。

(37) MEW 9, S. 397.

(38) A. a. O., S.396.

(39) A. a. O., S. 429.

(40) A. a. O., S.429 f.

(41) A. a. O., S. 396.

(42) MEW 10, S. 164.

(43) NYDT, 31. Oktober 1854.

(44) MEW 10, S. 566 f.

(45) NYDT, 27. Dezember 1854. s. MEW 10, S. 570.

(46) MEW 10, S. 581.
(47) A. a. O., S. 592.
(48) A. a. O.
(49) MEW 29, S. 11.
(50) A. a. O., S. 15.
(51) 註（36）が言及したように、私はマルクスの『フリープレス』（ロンドン）で出版された完全版に依拠する。そして、六章立てではなく、マルクスの五章立てを採用する。エリノア・マルクス・エーヴリングが一八九七年に六章立てのバージョンを準備しており、彼女の悲劇的な死の翌年、つまり、一八九九年に出版された。その後、さまざまな版で六章立てが採用されている〔本書は六章立てを採用しているので、ここ以外の箇所においては、ウィットフォーゲルの章への言及があった場合、必要に応じて適宜変更している――石井記〕。
(52) Lenin, *Collected Works*, (Moskau 1963-), 21, S. 81. 以下、「CW」と略。
(53) S. Marx-Engels, (alte) *Gesamtausgabe* (MEGA), III, 2, S. IX, 106 ff.
(54) Lenin CW, 21, S. 81.
(55) MEW 29, S. 11.
(56) S. OD, S. 391 ff.
(57) MEW 29, S. 11.
(58) A. a. O.
(59) S. *The Shorter Oxford English Dictionary*, Oxford 1962.
(60) MEW 29, S. 14.
(61) A. a. O., S. 11.
(62) A. a. O., S. 12.

(63) A. a. O.

(64) A. a. O., S. 536.

(65) A. a. O., S. 21.

(66) FP. 23. August und 13. September 1856; in diesem Band S.18, 26〔本書九一、九九頁〕.

(67) FP. 13. September; in diesem Band S. 27〔本書一〇〇頁〕.

(68) A. a. O.; in diesem Band S. 29〔本書一〇一頁〕.

(69) 六月二一日、マルクスは連載記事の第二弾を執筆していた。それは『シェフィールド・フリープレス』誌の次号に掲載する予定のものである（MEW 29, S. 536 f.)。この版はマルクスの『北方の危機』の第一稿とともに一八五六年七月五日に出版された。

(70) FP, 13. September 1856; in diesem Band S. 29〔本書一〇一―二頁〕.

(71) A. a. O.; in diesem Band, S. 30〔本書一〇二頁〕.

(72) MEW 29, S. 12.

(73) FP, 13. September 1856; in diesem Band S. 34 ff.〔本書一〇五頁以下〕.

(74) A. a. O.; in diesem Band S, 30 f.〔本書一〇二頁〕.

(75) A. a. O., in diesem Band S. 31〔本書一〇二―三頁〕.

(76) A. a. O.; in diesem Band S. 36〔本書一〇八頁〕.

(77) A. a. O.; in diesem Band S. 35 f.〔本書一〇五―六頁〕.

(78) A. a. O.; in diesem Band S. 35〔本書一〇六―七頁〕.

(79) A. a. O.; in diesem Band S. 36 ff.〔本書一〇七頁以下〕.

(80) Vergil, *Aeneis*, IV, 176 passim.

(81) FP, 4. Oktober 1856; in diesem Band, S. 66〔本書一三三頁〕.

(82) S. Jos. Gust Droysen, *Geschichte der Preußischen Politik*, IV, 2 Leipzig 1869, S. 193.
(83) 以下の論点については、FP vom 20. September 1856; In diesem Band S. 41〔本書一一一頁〕. passim を参照。
(84) FP, 4. Oktober 1856; in diesem Band S. 52〔本書一二〇頁〕.
(85) FP, 20. September 1856; in diesem Band, S. 43〔本書一一三頁〕.
(86) FP, 4. Oktober 1856; in diesem Band S. 63〔本書一二九―一三〇頁〕.
(87) A. a. O.; in diesem Band S. 60〔本書一二七頁〕.
(88) マルクスが『真理』パンフレットのタイトル（Truth is but Truth as it is timed）に言及する際、そこには一貫性はない。一八五六年二月一二日の書簡、さらに『一八世紀の秘密外交史』の第五章、第六章で引用した際、ささやかとはいえ変更点がある。ところが問題は、最近の解釈では、それらの変更が意味上の差異をもたらしているということである。さらに、MEW 編集者がそのタイトル、およびサブタイトルを取り扱う際に、問題がさらに複雑化している（MEW 29, 一二頁、注一〇、ドイツ語訳つき、七四四頁、書誌において英語タイトルを識別し、マルクスがもともと提示した主タイトルが訂正された）。このパンフレットの著者にとって、自分の主張が基本的に有効な真理であると考えたのだろうか、それとも、適切なタイミングで打ち出されることによって、有効になると考えたのだろうか。

ここで提供されている『一八世紀の秘密外交史』は、この問題について歴史批評的文献研究をおこなう場ではない。筆者は単に上述の意味論的な困難が存在していることを示すにとどまっている。しかし、だからこそ、マルクスが『真理』パンフレットから見いだした意味を指摘する必要性はより高いものになっているといえる。マルクスがこのパンフレットから得た結論によると、ピョートル一世のロシアが西洋にもたらす危険性とは、既に認識されており、かつ実際に闘われるべき根本的現実である。それはどのような状況の中で認識されたとしても変わることはない。
(89) FP, 8. November 1856; in diesem Band S. 70〔本書一三七頁〕.
(90) FP, 1. April 1857; in diesem Band S. 139〔本書二〇三頁〕.
(91) A. a. O.; in diesem Band S. 143〔本書二〇七頁〕.
(92) MEW 28, S. 324.
(93) FP, 8. November 1856; in diesem Band S. 136〔本書二〇〇頁〕.

(94) ボダンの大著に対する実証分析についてはs. Wittfogel 1975, S. 18.

(95) A. a. O.

(96) FP, 4. Februar 1857; in diesem Band S. 103〔本書一七三頁〕.

(97) S.o.〔本書一七四頁〕.

(98) この点に関してはs. *OD*, S. 201 passim, s. Wittfogel, *Russia and the East. A Comparison and Contrast*, in: *The Development of the USSR*, hrsg. v. Donald W. Treadgold, Seattle 1964, S. 323 passim を参照。

(99) この解釈に関して、今日においてまだ依拠できる視点の総括はs. Richard Pipes, *Russia under the Old Regime*, London 1974, S. 54 ff.

(100) FP, 4. Februar 1856; in diesem Band S. 105〔本書一七五頁〕.

(101) A. a. O.; in diesem Band S. 108〔本書一七七頁〕.

(102) A. a. O.; in diesem Band S. 108〔本書一七七頁〕.

(103) FP, 25. Februar 1857; in diesem Band S. 125〔本書一九一頁〕.

(104) FP, 18. Februar 1857; in diesem Band S. 114〔本書一八二頁〕.

(105) FP, 1. April 1857; in diesem Band S. 131〔本書一九六頁〕.

(106) A. a. O.; in diesem Band S. 131〔本書一九六頁〕.

(107) S. MEW 28, S. 259 (Engels); MEW 9, S. 121; MEW 28, S. 267 und 269 (Marx).

(108) 二回目のインドに関する文章の冒頭、マルクスは自分の二本の関連する論文を「インド問題」と呼んだ (MEW 9, S. 220).

(109) MEW 23, S. 378f.

(110) S. MEW 28, S. 259 (Engels); MEW 9, S. 121 (Marx). エンゲルスが東洋における戦争の形態について結論を出す少し前、マルクスは一八五三年六月二日、ベルニエ Bernier に依拠して「東洋」の都市とその軍隊との関係について指摘している (MEW 28, S. 252).

（111）S. Max Weber, *Wirtschaft und Gesellschaft, Grundriß der Sozialökonomik*, III, Tübingen 1921 -1923. S. 667 und 720 f. 東洋的（水力的）秩序と軍隊の関係に関しては、S. 542 f.

（112）FP, 4. Februar 1857; in diesem Band S. 112〔本書一八〇頁〕.

（113）FP, 25, Februar 1857; in diesem Band S. 124〔本書一九〇頁〕.

（114）A. a. O.; in diesem Band S. 125〔本書一九一頁〕.

（115）A. a. O.; in diesem Band S. 126〔本書一九一頁〕. エリノア・マルクスの一八九七年の原稿に基づいて出版された一八九九年版（Marx 1897, 一〇頁参照）において、マルクスの第五章の最後の部分、つまり、ピョートル大帝と近代ロシアに対する解釈の最も肝心な部分が全部省略されている。具体的には、「同一性」、ピョートル大帝は「近代ロシアの創案者」、さらに、次の言葉を含んでいる総括――モンゴル的奴隷制、ピョートル大帝、チンギス・ハン、および世界征服。リャザノフは、『*Die Neue Zeit*』（『ノイエ・ツァイト』増刊号第五号付録、一九〇九年、二二頁）で、この大きな空白について指摘した。『一八世紀の秘密外交史』ののちの版は、それに関してマルクスの娘に従っていなかった。ところが、いくつかの版は彼女のほかの改訂に従った。例えば、後半の章を新たに付け足したり（s. o. Anm. 50)、タイトルを「Secret Diplomatic History of the Eighteenth Century」（この表現はエリノアとエーヴリングが既に使用していた。Marx 1897,SX 参照）に変更したりするなどである。エリノア版と同様、のちのいくつかのバーションにおいても『北方の危機』から二つの文、すなわちウェルギリウス（ヴァージル）の格言および三つ目のサブタイトルが省略されている。そのいずれもピョートル大帝のユニークかつ恐ろしい役割に言及している。エリノアはマルクスが指摘したピョートル大帝の世界史的役割を矮小化しようとするため、この目立たないが、重要な二箇所を意図的に抹消したのは当然のことであった。のちの編集者が同じことをしたとすれば、それははたして意図的なことだったのか。さらにいえば、エリノアは彼女とエーヴリングが表面的にそう見えたよりも、自分がマルクスの「アジア的」議論から離れていることに意識的であったのか否か。

（116）FP, 1. April 1857; in diesem Band S. 132〔本書一九六―一九七頁〕.

（117）S. Wittfogel 1975, S. 35 und 63, Anm. 147 und 148.

（118）FP, 1. April 1857; in diesem Band S. 125 f〔本書一九一頁〕.

（119）S. o.〔本書一九一頁〕.

(120) FP, 1. April 1857; in diesem Band S.132〔本書一九七頁〕.
(121) A. a. O.; in diesem Band S. 131〔本書一九六頁〕.
(122) S. o.〔本書一九六—一九七頁〕.
(123) FP, 1. April 1857; in diesem Band S. 130〔本書一九五頁〕.
(124) MEW 29, S. 54 (Anm. 70); MEW 14, S. 474, Anm.
(125) FP, 4. Februar 1857; in diesem Band S. 103〔本書一七三頁〕; FP, 1, April 1857; in diesem Band S. 134〔本書一九八頁〕; MEW 29, S. 124; MEW 14, S. 474, Anm.
(126) MEW 29, S. 537. 一八五六年六月二一日にマルクスが出版社に送った書簡において、彼はこれらの文言を用いて、彼の判断からするときわめて重要な新しい連載記事の企画について言及している。
(127) Marx 1953, S. 842 passim. この論考は *Neuen Zeit* 23/2 (1905/05) で再び掲載された。掲載を決定したカウツキーは五頁で、この論考を「Fragment」と呼んだ。
(128) マルクスは最初、この文章を「Einleitung」(「序説」) (Marx 1953, S. 5) と呼んでいる。『経済学批判』(1859) の序文において、マルクスはこの文章に言及し、「allgemeine Einleitung」(総合序説) と呼んだ (MEW 13, S. 7). 筆者はそれが正しいと考える。
(129) Marx 1953, S. 843.
(130) A. a. O., S. 846.
(131) A. a. O., S. 29.
(132) A. a. O., S. 850.
(133) FP, 1. April 1857; in diesem Band S. 134〔本書一九八頁〕.
(134) S. Marx 1953, S. 29.
(135) A. a. O.; 強調は原著より。
(136) A. a. O. S. 375 passim. マルクスは一八五八年の春、『要綱』原稿の執筆を諦めたのち、その原稿を読み返していたところ、自分の論理立てという形式に不満を感じた。これは正しかったのだろうか。「本当の歴史」に向き合う彼の新たな構想からすれば、そうではない。彼の政治経済学批判は、国家形態、財産、社会という順で展開している。その原稿においても同じである。しかし、一八五八年五月になると、マルクスはもはや確信を持てなくなっていた。原稿における自分の分析が、マルクスにとって確たるものではなく、無秩序なもの（wie Kraut und Rüben）に見えるというのである(MEW29. S330)。さらに彼は、近代政治経済学への批判をおこなうべきだという見解に戻った。つまり、そのように整合されているわけではない世界のカテゴリーを構想すべきだということである。それゆえに、ここでは矛盾が生じてくる。『要綱』を執筆した際、マルクスは一八五六／五七年の歴史的発見が求めている新しい方法論（存在論）を実験的に導入していた。だが、一八五八年春、彼の「無秩序」発言からすると、マルクスがこの新しい方法論（および存在論）をまだ確立していなかったと見られる。

(137) Marx 1953, S. 377 ff., 429（灌漑施設）und 376（自然条件）.
(138) A. a. O., S. 870.
(139) MEW 29, S. 383.
(140) MEW 9, S. 133 f.; FP, 1. April 1857; in diesem Band S. 131〔本書一九六頁〕.
(141) MEW 13, S. 9. s.『東洋的専制主義』（Mailand 1980 und New York 1981）の拡張版序文。
(142) MEW 14, S. 498.
(143) A. a. O., S. 492 f.
(144) A. a. O. S. 503 passim.
(145) MEW 16, S. 13; vgl. MEW 31, S. 15.
(146) MEW 16, S. 13.
(147) A. a. O., S. 5-10.
(148) Marx 1953, S. 484, 960, 974.
(149) 本文中は註（146）が存在しない。MEW 16, S. 12.

(150) A. a. O.
(151) A. a. O., S. 13.
(152) A. a. O.
(153) A. a. O., S. 199.
(154) A. a. O.
(155) A. a. O., S. 201 und 204.
(156) S. MEW 19, S. 390 passim (Marx); MEW 20, S. 168; MEW 22, S. 432 passim (Engels).
(157) G. Plechanow, *Selected Philosophical Works*, Bd. 1, Moskau, S. 347 (1885), 441 und 445 (1889). 以下、「SPW」と略。
(158) A. a. O., S. 441.
(159) 他の説得力のある根拠として、s. Wittfogel, "*The Marxist View of China*", in *The China Quarterly*, 1962, S. 13.
(160) S. Plechanow SPW 1, S. 441.
(161) S. Wittfogel, OD. S. 114 und 441.
(162) Wittfogel 1975, S. 54 f.
(163) OD. S. 403 f., Anm. u.; ders. 1960, S. 505 ff. 本文と脚注。
(164) S. OD, S. 399.
(165) Stephen F. Cohen, *Bukharin and the Bolshevik Revolution*, (New York: 1973), S. 140.
(166) A. a. O., S. 290 f.
(167) Max Weber, *Gesammelte Aufsätze zur Religionssoziologie*, Tübingen 1922, S. 252.
(168) Marx 1953, S. 29 f.
(169) 『一八世紀の秘密外交史』における史実に関しては、s. MEW 19, S. 385.
(170) Marx 1953, S. 30. 強調は原著による。

(171) S. OD, S. 15 ff., 437, 447 f.

(172) MEW 25, S. 828.

(173) MEW 24, S. 8, 15.

一八世紀の秘密外交史

カール・マルクス

第一章　資料と批判　一七〇〇年代のイギリス外交とロシア

1　ロンドー氏[1]からホレス・ウォルポール〔英首相の子〕へ

一七三六年八月一七日ペテルブルク

「……私は……トルコ側に手を打ってもらうように心から希望するものであります。というのも、オスマン政庁はあらゆる機会に、ロシア女帝やその現閣僚のことを彼らの堪えられないような最大の軽侮をこめて罵っておりますが、それを抑える手段をとらない限り、当地の宮廷は一切耳を傾けるつもりがないように思えるからです。オステルマン伯爵〔ロシアの政治家・重臣〕は、エヴェラード・フォークナー卿とタールマン氏（前者はイギリスの、後者はオランダのコンスタンティノープル駐在大使）が、トルコ側の好ましい意向を伝えてきたことを多とするどころか、オスマン政庁が本気であると承服することはなく、彼らが国王またはオランダ政府の命令なしで、あるいはオスマンの大宰相（Grand Vizier）がそのように希望していないのにもかかわらず、書簡を〔ロシア内閣に〕送ったこと、またその書簡がコンスタンティノープル駐在の皇帝の公使と歩調を共にしていないことに、たいへん驚いていたように見えます。私は、国王陛下宛ての大宰相による二つの書簡を、ビロン伯爵〔アンナの寵臣〕とオステルマン伯爵に見せました。そして、それと同時に、この宮廷についての厳しい非難が書かれているので、どうしても見たいということでなければ、お知らせすべきでなかったことをお二人にお伝えしておきました。ビロン伯爵は、自分たちはトルコ人からこのような仕打ちを受けるのには慣れているので、大したことではないと申されました。私は二人の閣下が、これらの書簡が事態を丸く収めるよりも、むしろ悪化させることになるので、ご覧になったことをオスマン政庁にはお知らせにならないようにと望みました……」。

2 ジョージ・マカートニー卿〔駐サンクトペテルブルク英公使〕から、サンドウィッチ伯爵〔英政治家〕へ

サンクトペテルブルク、一七六五年三月一（一二）日

極秘(2)

「……昨日パーニン氏(3)〔ロシアの外交官〕と〔外務〕次官が、駐デンマーク公使オステン氏とともに、当宮廷とコペンハーゲン宮廷との間の同盟条約に調印しました。その条項の一つによって、トルコとの戦争は同盟義務発効条項（casus foederis）とされています。そうした事件が起きた際、デンマークはつねに一年につき五〇万ルーブルの補助金を四回払いで支払うことを約束していま す。デンマークはまた、デンマークへのフランス宮廷の支払延滞金の取り立てに一定期間の間だけ努めるように求めることにして、フランスとの一切の関係を絶つと極秘条項で誓約しておりま

す。いずれにしても、デンマークはただちにスウェーデンにおけるロシアのすべての意図を取り入れ、同国においてロシアと公然ではないにしても、完全に共同行動をとることになっています。グロース氏[4]が、ロシアはスウェーデンの重荷を解き、それをイギリスに押しつけるつもりであると閣下に急に伝えたのは、私の思いちがいであるか、それとも彼が指令を誤解したものか、そのどちらかでしょう。わが国が金銭上の取り決めの大部分を支弁することを、当宮廷がどんなに望んでいるにせよ、ロシアはつねにストックホルムでリードすることを選択するものと確信できます。ロシアの構想、その熱望は、デンマークにおけるフランスの権益を失くすために、イギリスおよびデンマークと提携することにあります。たしかに多額の出費なしにそうすることはできないでしょう。しかしロシアは、目下のところ、わが国が全額を支弁することを期待するほど不条理とは思えません。わが方の利益を維持し、フランス人が今後、再びストックホルムに手を出すのを永久に阻止するには、わが国としては年間一五〇〇ポンドで十分であろうとの示唆を得ました。

　スウェーデン人は、長年のあいだ従属的地位に置かれてきたことにきわめて敏感でかつひどく屈辱を感じており、自国の内政に干渉するいずれの大国に対しても極端に警戒する中で、隣国のロシア人をとりわけ警戒しております。この宮廷が、われわれと彼らで別個の基礎に立って行動し、しかもそれぞれの外交使節間に腹蔵のない信頼を維持するようにと希望しつつ、私に任務を与えた理由はここにあります。どんなに賢明でも単なる名称につけこまれることがあるものなので、われわれの第一の配慮は、ロシア派またはイギリス派を名のる派閥を形成することなく、われわれの友人を自由と独立の友人として区別されるように努めることにあります。現在のところ、われわれは優位にあり、国民の大多数は、フランスと関係を持つことがいかに破壊的であったか、またこの関係を続けることが、彼らの真の利益にいかに大きな害を及ぼすであろうことか、いずれも納得しております。パーニン氏は、スウェーデン憲法(5)にいかなる変更を加えることもけっして望んではおりません。彼は国王の権威を増大させずに維持し、人民の特権が侵害されずに持続されるのを望んでいます。彼は、けっして女帝の野心的で陰謀好みの精神を心配しないわけではありませんが、オステルマン伯爵の大臣としての大きな警戒心が、今ではこの点についての懸念をすっかり静めることとなりました。

デンマークとのこの新しい同盟により、また適切に支援すればまちがいのないものと当宮廷が信じているスウェーデンでの成功により、パーニン氏は、北方の諸強国を統一するという彼の大構想を何らかの方法で実現することになるでしょう。(6)そうであるとすれば、これをすっかり完成させるには、大ブリテンとの条約同盟の締結のほか何も必要としません。当宮廷がこれを最も熱望しているものと確信します。女帝〔エカチェリーナ二世〕みずからがこのことをとくに強調した言葉で一度ならず述べておられます。彼女の野心は、このような同盟によって、同族協約(7)に対するある種の均衡状態を創り出し、彼女が異常な怨恨を燃やしているウィーンとヴェルサイユの宮廷のすべての意図を可能な限り挫くことにあります。しかし私は、われわれが何らかの秘密条項により、トルコ戦争の際に補助金を支払うことに同意しない限り、このような同盟が望み得ないことを閣下に対して隠すものでありません。というのも、この種の非常の場合のほか、我方に金銭を求めることはないと思われるからであります。私は、平時に何らかの補助金を期待するのは不条理であり、対等の資格での同盟が両国にとっていっそう安全で名誉なものであることをこの宮廷に説得したつもりです。自信を持って申し上げますが、条約の本体なり秘密条項なりに書き入れてトルコ戦争を同盟義務発効条項とすることは、われわれが当宮廷相手に始めるいかなる交渉の場合にも必須条件でありましょう。パーニン氏がこの点に固執されるのは、以下に申し上げる偶発事件のためです。皇帝とプロイセン国王のあいだの条約が論議されていた時、この国王の不倶戴天の敵であるベストゥージェフ伯爵〔ロシアの政治家・外交官〕は、プロイセン国王がけっしてこれを甘受しないであろうと確信し、彼の拒否により、この交渉を決裂させる見込みがあると自負し、トルコ条項を提起したのです。しかし、この老政治家は推測を誤ったように思えます。なぜなら、国王陛下は、ロシアが、同一の条件によらない同盟は他のいかなる大国とも結ばないことを条件として、ただちにこの提議に同意されたからであります。これが実情であり、それを確証しようとして、先日プロイセン公使ゾルム伯爵が来訪し、当宮廷がこのような条項を含まない同盟をわれわれと結ぶ意図がいささかでもあるとすれば、最も強硬にそれに反対せよとの命令を受けていると告げました。大ブリテンがこの条項についてあまり強硬に出なければ、ロシアも通商条約の輸出税条項においてそれほど強硬に出ないつもりだとの示唆を受けました。当宮廷が同条約をけっして捨てないことはグロース氏が閣下に申し上げたところであります。それと同時に私は、パーニン氏の最高の信任を受けている一人物から、わが方が同盟条約を取り上げるならば、通商条約はそれと歩調を合わせて進行し、その場合、通商条約は、おびただしいあら探しや口論の場であった貿易院の手から取り上げられ、大臣と私の間でだけ取り決められることになろうとの確信を得ました。通商条約は、トルコ条項を同盟条約に入れることを条件(8)として、わが方により満足すべき形で結ばれるものと彼は確信しております。私はまた、スペインがポルトガルを攻撃する場合には、派遣費用をわが方で持てば一万五〇〇〇のロシア兵を出してもよいと聞きました。デンマーク条約の秘密条項をけっしてグロース氏にお話にならないよう閣下にお願い申し上げなければなりません。……遺憾ながら、同氏はイギリスに好意を寄せる人物ではありません(9)」。

3　ジェイムズ・ハリス卿〔英外交官、ホイッグ党員〕からグランサム卿〔トーマス・ロビンソン、英外相・ホイッグ派〕へ

一七八二年八月一六（二七）日ペテルブルク

（内密）

「……現地に到着してみると、宮廷がこれまで私の聞いていた説明とはきわめて相違していることがわかりました。イギリスびいきどころか、その態度は全くフランス寄りです。プロイセン国王（当時女帝の信任を博しております）はわれわれに不利になるように影響力を行使していました。パーニン伯爵は彼を力強く助けました。両ブルボン家の外交使節のラシーとコルベロンは技巧にたけた術策を弄しました。ポチョムキン公爵〔エカチェリーナの寵臣〕は彼らに突き動かされていました。そして女帝を取り巻く仲間全体――シュヴァーロフ、ストロガノフ、チェルヌィショ

フといった輩――は、現在もやはりそうなのですが、パリの床屋の徒弟でした。事件が彼らの努力を助けたのです。ロシアとオスマン政庁の争いをまとめるためのフランスの見せかけの援助と、そのすぐあとにテッシェン講和〔プロイセンとオーストリアの間のバイエルン継承戦争の和議〕の調停者として結びついた二つの宮廷は、双方を和解させるのに少なからず貢献しました。したがって、一七七八年二月から一七七九年七月までの私のパーニン伯爵とのすべての交渉が不成功に終わっても驚くことはありませんでした。というのも、彼は同盟を助長するのでなく、妨げるつもりであったからです。同盟を手に入れるために譲歩しても無駄でした。彼はたえず面倒なことを新たに始め、いつも新たな問題を生じさせるのでした。ところで、私が表面上彼を信頼していることから、きわめて由々しき害悪が生じました。彼はそのことを利用して、女帝への報告の中で実際に私が使用した言葉や、実際に私が表明した感情でなく、彼が好きなようにいいかえた私の言葉と感情を私のものとして伝えたのです。彼は同じように念入りに、女帝の意見と気持ちを私には隠しました。そして女帝には、イギリスが頑固で横暴でよそよそしくしていると述べ、私には、彼女がわれわれの関心事には不満で、嫌悪しており、冷淡なのだと述べました。彼は、この二枚舌により成功への道をすべて閉ざしたと確信したので、私がスペインの宣言を提示した際、まるで役人のように、以下のように私に告げたのです。「大ブリテンは、彼自身の傲慢な行為によりあらゆる不幸をわが身にふりかからせているが、その不幸は今や頂点に達しており、講和を求めるにはいかなる譲歩にも同意しなければならず、われわれは味方の援助も、敵の寛容も、ともに期待することはできなかった」。私はこのとき十分に落ち着いており、自分の感情に駆られなかったので……時を移さずにポチョムキン公爵に申し入れ、彼を介して女帝とペテルゴフで単独接見を実現させました。私はこの接見で誠に幸運にも彼女が私に対して抱かれたすべての悪印象を拭うことができただけでなく、われわれの立場と、大ブリテンとロシアとの不可分の利害をめぐる真相を伝えることにより、われわれを助けようという確たる決意を引き出すことができました。彼女はその決意を明確な言葉で言明されました。このことが洩れますと――パーニン伯爵がまずそれを知りましたが――彼は私の執念深い宿敵となったのであります。彼は虚言の数々と、彼の影響力の不法きわまる行使とによって、私の公式の交渉を妨げただけでなく、私個人をけなし傷つけるため、よほど卑しく執念深い敵意がなければ思いつくはずのないあらゆる手段を弄したのであります。彼が私に破廉恥きわまる非難を加えるやり方からして、彼からの最も恥ずべき攻撃に気を遣わなければなりませんでした。この無情な迫害はまだ続いております。彼の大臣退任後まで続いております。私が女帝その人から得た明確な保証にもかかわらず、彼は女帝の決意をまずぐらつかせ、ついでこれを変える手段を発見しました。実に彼は、プロイセン国王陛下の尽力を公式に受けていました。プロイセン国王は、その当時、われわれの勢力を倒すことに執着していましたが、今はそれを元に戻そうと努めているようです。しかしながら、私はこの最初の失敗に挫けることなく、努力を倍加することにより、任期中さらに二回、女帝にわれわれの友人と公言させる寸前まで（！）いったのですが、両回とも私の期待は女帝みずから仰せられた確言に基づくものでした。第一回目は、われわれの敵が武装中立[10]を現出させた時であり、第二回目は、ミノルカが彼女に提供されたときです。最初、私は以前に経験したのと同じ筋から同じような反対を受けたものの、私の失敗の主因は、一七八〇年二月の有名な中立宣言〔米独立戦争中に露が英に対抗するために出した武装中立宣言〕にわれわれが答えたきわめて拙劣なやり方に帰せられると言わざるを得ません。攻撃がどの方面から来るかはよくわかっていましたので、私はそれをかわす覚悟をしておりました。私見は以下のようなものです。「もしイギリスが、ロシアなしにやっていけるほどに強力だと感じているなら、これら新流行の学説を即座に斥けるのがよい。しかし、助力を必要とするほどの情勢であるならば、目下の必要に従い、ロシア一国に関する限り、これを認め、時宜を得た懇切な行動により有力な自己の友人として確保すればよい」[11]。私見は受け入れられませんでした。曖昧で、どっちつかずの回答しか与えられませんでした。われわれはこれを受け入れるのも斥けるのも、同様に恐れていたようです。私は内々にはこれに反対するが、表向きには黙認するようにとの指令を受けましたが、当時、機密に参画していた職員の一人が、シモリン氏〔ロンドン駐在のロシア使節〕と対談した際に、同公使がストーモント卿〔英外交官、トーリー党員〕から聞いたおだやかで懇篤な言葉に全く反するいくつかの不用意な表現を用いたのが、女帝を極度に怒らせ、彼女が〔イギリス〕政府について抱いていた反感と悪評を上塗りすることになりました[12]。……私はミノルカ引渡案を女帝にほのめかしました。なぜならば、講和にあたり犠牲を払わざるを得なくなることが私には明白でしたので、犠牲は敵よりも味方に払うのが賢明と思われたからです。

この案は本国では全面的に採用され[13]、この件につき私がストーモント卿から受けた賢明な指令ほど、この宮廷の好みに完全に適合するものはほかになかったでしょう。何故この計画が失敗したのか、いまだにわかりかねます。私に交渉の全権が与えられる以前、女帝がこれ以上に強く心を寄せられた措置がほかにあろうとは全く知らずにおり、全権が与えられるに及んで女帝がその目的から尻ごみするのを見て、これくらい驚いたこともありません。それと同時に、私自身の考えでは、わが内閣に対する女帝の根強い反感と、内閣への信頼を全く欠いているためであると考えました。しかし、それ以来私は、彼女がこの問題について（オーストリア）皇帝の意見を求め、皇帝は申し出を斥けるように彼女に説きつけたものの、この秘密をフランスに洩らしたことで、それが公になったと信ずる気持ちがいっそう強くなっております。そうするほか女帝の気持ちの急変の説明がつきません。ポチョムキン公爵が（その他の処理はともかくとして）たしかにこの点では、誠心誠意支持しており、私がその当時に見たところからでも、またそれ以来私の知り得たところからでも、その心底では私同様にこの成功を望んでいたのでなおさらであります。閣下は、女帝を友好的な調停者として押しだす案が、ミノルカ譲渡の計画と並んでおこなわれたことにお気づきになるでしょう。この案がその後、さまざまなことを引き起こし、われわれを現在の調停をめぐるあらゆるディレンマに巻き込んだのですから、私としては当時の私の見解がいかなるものであったのかを説明し、わが宮廷をこれほどの困った状態におとしいれた責任から免れる必要があるでしょう。私の希望と意図は、彼女を介添人ぬきの単独の調停者とすることでした。一七八〇年一二月中に彼女と私の間に生じたことを吟味して下されば、閣下は、彼女がわれわれに好意を持ち、それどころかわれわれに偏った調停者[14]であろうと私が想像したきわめて有力な理由を容易にお認め下さることでしょう。彼女がこの事業に適しないことは、実は知っておりました。しかし、このように引き立てれば、彼女の虚栄心がどれほど強く満足するのかも知っておりました。そして、いったん引き受ければ彼女が固執し、われわれの争いに不可避的に巻き込まれるであろうこともよくわかっておりました。われわれが彼女にミノルカという酬いをしたことが明らかになれば（また明らかになることでありましょう）なおさらのことであります。もう一つの（オーストリア）宮廷が調停に加わったため、この計画はすべてくつがえされました。このことは、彼女に違約の口実を与えただけでなく、彼女の気を悪くさせ、これを傷つけました。彼女は、われわれが彼女につけた同僚に全事件を任せ、ウィーン駐在の彼女の公使に対して、すべて宮廷〔ウィーン〕の提議することに暗黙のうちに同意するように命じたのは、このように感じたからです。それ以来生じたすべての害悪はそのためであり、われわれがまさしく現に経験している害悪とはそのためであります。ウィーン宮廷が、カウニッツ公爵がその施策を指導する限り、少しでもイギリスに好意を抱くとか、フランスに悪い印象を抱くとかいったことは、私自身はけっして信ずる気になれません。私が現地での勢力を助長しようと努力したのは、この見解によるものでなく、プロイセンの勢力がたえず私に対抗しているのがわかったからであります。また、私が何とかしてこれを打破できるならば、私の最大の障害を取り除くことになると考えたからでありました。私は考えちがいをしておりました。そして奇妙な宿命で、ウィーンとベルリンの宮廷は、現地でわれわれに代わるがわる損害を与える意向のほかには、何事についても一致したことがないように見えます。[15] ミノルカについての提議は、女帝に味方をさせる最後の試みでした。私の力と機略は尽き果てました。私が彼女との最後の接見で、敬意を表しながらも率直に発言したことが彼女を不快がらせました。そしてこの時期から前政府の退任までの間、私は防御に立つにとどまりました。……私は女帝にわれわれに有利なことをさせようと試みるよりも、われわれに害を加えないように防ぐことによほど苦労しました。当初、女帝陛下がそれを提案されたとき、われわれとオランダとの間の彼女による単独調停の受け入れに強く傾いたのは、実害を防ぐためでありました。われわれの拒絶に対し彼女が示した極度の不満は、私の意見が正しいことを証明しました。そこで再度提議されたとき、私は思いきって、それに同意を与える必要性を力説してみました。（もっともそれが私の上官の感情と矛盾することを知っておりました。）というのも、もしわれわれが再びそれを拒否すると、女帝が怒りのあまりオランダと結んでわれわれに対抗すると確信していたからです。ところが、万事好調でした。われわれの賢明な行動は、もともと彼女がわれわれに抱いていた不機嫌さを彼らに移すことになり、今では、以前にオランダ人に対してそうであったのと同じくらい、われわれに対して特別に好意を寄せております。イギリスに新内閣ができてから、私の道はいっそう平坦になりました。閣下の前任者によって打ち出され[16]、閣下がお続けになっている偉大な新しい道は、大陸において、われわれを利する最も有利な変化をもたらしました。彼女自身が感銘を受けるような事件がない限り、どんなことも女帝陛下に積極的に参与をうながすものは何もないと信じることができます。しかし、今はわれわれの有利になる友好の高まりがあります。彼女はわれわれの措置を是認しており、わが内閣を信任し、たしかにわが国民に対する偏愛に身を委ねております。われわれの敵はこのことを知りまた感じており、それが畏敬の念を生じさせています。これが、私のペテルブルク着任から現在までの間に、この宮廷に生じたことの簡潔な、ただし正確なスケッチです。いくつかの推論をここから引き出すことができるでしょう。[17] 女帝が理性と議論ではなく、激情に導かれること、彼女の偏見がきわめて強く、たやすくそれを持ちたがり、いったんそれが固定すると、取り払うことができないこと、ところが逆に、彼女からよく思われる確実な道というものはなく、たとえよく思われても、たえず動揺を免れず、どんなに取るに足りない事件によっても偏りがちであること、ある計画にすっかり乗り出すまではどんな保証も当てにならないこと、しかしいったんすっかり乗り出してしまえば、彼女はけっして撤回することなく、どこまでも押しだせること、かがやかしい才能、気高い精神、非凡な聡明さを持ちながら、判断力、明確な考え、反省、団結精神（L'esprit de combinaison）に欠けていること、彼女の大臣たちが国家の福祉には無知であるか、それとも無関心であり、彼女の意志にさからわずに服従して行動するか、それとも党派の利益と私的な利益という動機から行動することがそれであります[18]」。

4 （手稿）パーヴェル皇帝治世当初におけるロシアの記述

サンクトペテルブルク居留商民団牧師にしてウィリアム・ピットの近い親戚なるL・K・ピット師作成[19]

抜粋

「最近数年間にヨーロッパ政治の全体系を震撼させた大きな問題点に関する故ロシア女帝〔エカチェリーナ二世〕の真情については、ほとんど疑問はあり得ないであろう。彼女ははじめから新しい原則の宿命的傾向をたしかに感じていたが、彼女自身の重要性を高めることになった闘争の中で、それが激しくなるにつれて、ヨーロッパのどの強国も疲弊していくのを見るのは、おそらく悪い気がしなかったことであろう。ポーランドで新たに獲得された諸州の状態が、エカチェリーナの政治的行状に同じように大きな影響を及ぼす問題であったのはたしかなことである。最近の征服地における反乱の不安から生じてくる致命的な結果が、〔フランス〕革命の初期にはフランスに正規な政府を回復する点できわめて密切な関係にあった連合国側に、痛切に感じられたように見える。連合国の注意を分散させ、その退却を急がすことになったポーランドにおける同じような反乱の恐怖があるため、ロシアの前女帝が大戦争に入るのを同様に引きとめたのである。つまり、積極的作戦に出ることでロシア帝国に生ずるかもしれない災厄のいずれよりも、もっと危険な災厄をフランス軍の前進が生むような事態になるまでロシアは戦争には入らなかったのである。……女帝が口にしたとして知られている最後の言葉は、彼女が没した日の朝、辞去する秘書官に話しかけたものである。それは、「一二時に来てイギリスとの同盟条約調印の念を押すように公爵（ズーボフ）に告げよ」というものだった」。

パーヴェル皇帝の行為と浪費についてたっぷりと考察を加えたうえ、ピット氏は以下のように続ける。

「これらの考察を念頭にとどめて見ると、先頃の連合からの脱退と、大ブリテン政府に加えられたはかりしれない侮辱の性質をはじめて正しく評価することができよう。…しかし、それ（大ブリテン）をロシア帝国に結びつけている紐帯は、自然につくられたものであり、犯すことができない。連合すれば、両国は全世界を一つに連帯させることもできるであろうが、分裂すれば、それぞれの力と重要性は根本的に弱められるであろう。イギリスは、帝権がこのように無定見に行使されることを遺憾とすべき理由があるが、諸帝国を分裂させているのは、ロシアの主権者だけなのである」。

牧師先生は彼の記述を次の言葉で結んでいる。

「目下のところ人智の洞見し得る限りでいえば、ロシアの玉座の威厳と重要性を元どおりにするには、さまざまな方策をあれこれと秩序立てて組み合わせるよりも、激怒した一個人の絶望の方が、現在のような抑圧の情景を終わらせるもっと確かな手段のように見える」。

註

(1) この書簡は、一七三五年に女帝アンナが始めたトルコとの戦争に関わるものである。サンクトペテルブルク駐在のイギリス外交官が、ロシアに勧めてトルコと講和を結ばせようと努めていることについて報告している。省いた部分は、本題に関係がない。

(2) イギリスは当時、ロシアと通商条約の交渉中であった。

(3) 従来、ニキータ・パーニンがプロイセンのフリードリヒ二世に雇われていたのかどうか、それとも彼がエカチェリーナ二世にそれを隠していたのかどうか、または彼女の命令でそうしていたのかどうかについて、歴史家の間で論争点になっていた。エカチェリーナ二世が、外国の宮廷とロシアの外交使節を結びつけるために、ロシアの使節をして表向き外国の宮廷と提携させていたことに疑いはない。しかし、とりわけパーニンについては、この疑問は確かな文書によって判定されるのであるが、そのようなものはけっして発表されてはいないと信ずる。彼がフリードリヒ二世側の人間となった以上、自分の名誉と幸運と生命を賭けて、そうありつづけるほかなかったことがわかる。

(4) ロンドンにおけるロシア外交使節。

(5) カール十二世の死後、上院によって提出された寡頭制的憲法。

(6) このようにわれわれは、ジョージ・マカートニー卿から、広くチャタム卿の「北方同盟の大構想」として知られているものが、実は、パーニンの「北方諸列強の大統合計画」であったことを知ったわけである。チャタムはモスクワにかつがれてモスクワ側の計画の生みの親になったのである。

(7) 一七六一年八月、パリにおいて、フランスとスペインの両ブルボン家の間で締結された協約。第三次家族協約。

(8) これはフリードリヒ二世の言い訳であった。フリードリヒがロシアとの同盟に抱き込まれざるを得なかった様子については、フランスの外交政策教授であり、タレイランの師であるコッホ氏がはっきりと述べている。彼は「フリードリヒ二世はロンドンの内閣に見捨てられたので、ロシアに付くほかなかったのだ」と述べている(彼の『ヨーロッパにおける革命の歴史』を見よ)。

(9) ホレス・ウォルポールは、彼の時代を、「恩恵をうけたらそれを返すのが流儀であった」との言葉で特徴づけている。いずれにせよ、それがイギリスと取引をおこなう場合のロシアの流儀であったことは、本文を見ればわかるであろう。

ジョージ・マカートニー卿が思い切って上記のような外交文書を送った相手のサンドウィッチ伯爵は、十年後の一七七五年、ノース内閣の海軍大臣として、アメリカとの紛議の公正なる調整に関するチャタム卿の提案に激しく反対して名をあげた。彼はそれ（チャタム案）を、イギリス貴族がなしたるものとは信ずることができなかった。それは彼にはむしろ、アメリカ人かなにかの仕業のように見えた。一七七七年、サンドウィッチがまたもや次のように騒ぎ立てているのが見られる。「大ブリテンは、不服従で反抗的な臣下に挑まれ、脅され、命令されるぐらいなら、最後の血の一滴、または国家の最後の一シリングまでも賭して闘うだろう」。サンドウィッチ伯爵がまっさきに立って、イギリスを北アメリカ植民地、フランス、スペイン、オランダその他との戦争に巻き込んでいた時、われわれは、議会において、彼がフォックス、バーク、ピットなどによってしばしば批判されているのを見る。それは、海軍の力を国防上不十分な状態に置いたままにしているとか、敵が大兵力を集中しているところへ、意図してわずかなイギリス兵力を対抗させているとか、海軍の全部門にわたって軍務の処理が全くなっていない、といったものである（一七七八年三月一一日、一七七八年三月二三日、一七七九年二月の下院の討議、フォックスのサンドウィッチ卿非難動議、一七七九年四月九日の、職務上の違法行為を理由とするサンドウィッチ卿解任決議に関する国王への上奏、一七八一年中の海軍行政におけるはなはだしき失政を理由とする一七八二年二月七日のフォックスの動議を見よ）。

その折、ピットは「わが海軍のすべての失敗と恥辱」はサンドウィッチ伯爵のせいだといった。下院三八八議席のうち、動議に対する政府支持派は、わずか二二票多かった。一七八二年二月二二日、サンドウィッチ卿に対して出された同じような動議は、下院四五三票のうち、わずか一九票の差によって否決された。サンドウィッチ伯爵の内閣の性格はこのとおりであって、三〇名以上の高級将校が軍務を去るか、または現行制度のもとでは任務遂行できないと公言するほどであった。実際のところ、彼の在任中、当時海軍内に瀰漫する不和の結果について、重大な懸念が抱かれていた。そのうえ、サンドウィッチ伯爵は、公金横領で公に告発されており、かつ状況証拠による限り、有罪とされた（一七七八年三月三一日、一七七九年四月九日以降の上院の討議を見よ）。彼に対する解任動議が、一七七九年四月九日に否決されると、三九名の上院議員が抗議を提出した。

（10）ジェイムズ・ハリス卿は、エカチェリーナ二世が一七八〇年の武装中立の発案者ではなく、それに改宗したものと信ずるふりをしている。自身の構想に、外国宮廷から提案された、あるいはそれに押し付けられたという形を与えるのが、サンクトペテルブルク宮廷の大戦略の一つである。ロシア外交はこのようなすりかえが好きである。かくして、フロリダ・ビアンカ伯の宮廷［フロリダ・ビアンカ伯ホセ・モニーノが仕えたスペイン、カルロス三世の宮廷］が、武装中立発案の責任者とされたのであり、あの虚栄心の強いスペイン人がカルロス三世に宛てた報告から、彼が武装中立をもくろんだのみならず、ロシアをそそのかしてそれに共謀させたと考え、たいへん得意がっていたことがわかる。

(11) この同じジェイムズ・ハリス卿は、おそらく読者にはマームズベリ伯爵としてよく知られているだろうが、一七八二〜八三年の講和条約で、イギリスの臨検権の放棄を阻止した人として、イギリスの歴史家から激賞されている。

(12) この節や本文に出てくる同様の諸節から、エカチェリーナ二世が、ジェイムズ・ハリス卿の示しているノース卿の政府にひどくてこずっていたと察せられるかもしれない。このような妄想はすべて、ポーランド第一次分割がノース卿の政府のもとで、彼の側からのなんらの抗議もなしに生じたという単純な陳述を前に消えてしまうであろう。

一七七三年、エカチェリーナのトルコ戦争がまだ続いており、彼女とスウェーデンとの紛争が重大化している時、フランスは有力艦隊をバルト海域に派遣する準備をした。フランス外相デギュイヨンは、この計画を、当時のパリ駐在イギリス大使ストーモント卿〔マンスウィールド伯爵〕に知らせた。長い対話の中で、デギュイヨンは、ロシアの野心的な計画と、フランスとイギリスをロシアに対する共同抵抗に溶けこませるべき共通の利益とを大いに力説した。この機密の通知に対する回答として、デギュイヨンはイギリス大使から次のように告げられた。「もしフランスがバルト海域に艦隊を派遣するならば、即時イギリス艦隊の追尾を受けるであろう。二つの艦隊が居合わすことは、中立の立場のようなものを保つ以上の結果は得られないであろうし、イギリスの宮廷がイギリスとフランスの間に今見られる調和が保たれることを望んでいるとしても、思いがけない衝突から生ずるかもしれない偶発事態を予知することは不可能である」。これらの異議の結果として、デギュイヨンは、艦隊をブレストに呼び戻し、地中海のトゥーロンで艦隊を艤装せよと新たに命令した。「これらの一新された戦備の情報を得たイギリス内閣は、これに抵抗する即時の強力なデモンストレーションをおこなった。ストーモント卿は、バルト海についてなされるすべての議論はひとしく地中海にも適用されることを宣言するようにと命じられた。覚書もフランス外相に渡され、これを国王と内閣に示すようにとの要求が添えられていた。これは所期の結果を生んだ。艦隊は取り消され、水兵は除隊され、戦争拡大の機会は避けられた」。

「ノース卿はこうして有効に彼の同盟者（エカチェリーナ二世）のために尽力し、ロシアとトルコの間の講和条約（キュチュク・カイナルジ）を促進した」と、上記の記事をわれわれが借用してきた記者は、満足げに語っている。エカチェリーナ二世はノース卿の良き骨折りに報いた。第一に、イギリスと北米植民地の間に戦争が起こる場合に約束していた援助を保留した。第二に、イギリスに反対する武装中立を提起し、その実現を導いた。ノース卿は、ジェイムズ・ハリス卿の助言を受けて、イギリスの海上権をロシアに、しかもロシアだけに引き渡すことにして、この裏切り、違約に、あえて仕返ししようとはしなかった。そこで女帝の神経系統にストレスが生じた。彼女はたちまち、ノース卿について「間違った意見を抱いていた」、彼を「嫌っていた」、彼に対する「根強い反感」を持っていた、「信頼を全く欠いていた」などといったヒステリックな思い付きにとらわれた。ジェイムズ・ハリス卿は、シェルバーン伯爵の政府に警告の実例を示すために、女帝の感情と、ノース政府がこの同じ感情を傷つけることによって引き起こされた屈辱感のくわしい心理描写をおこなった。彼の処方は実に単純なもので、味方としてのロシアには、ほかのすべての強国をわれわれの敵とみなし、すべてのものをその求めに応じて引き渡すというものである。

(13) イギリス政府が、ロシアをバルト海域の強国としたことに満足せず、これをさらに地中海の強国にもしようと大いに努力したというのが、当時の事実である。一七七九年末か、ストーモント卿がノース内閣に入ってからしばらく後の一七八〇年のはじめ、エカチェリーナ二世にミノルカ譲渡の申し出がなされたように思われる。このストーモント卿が、ロシアに抵抗しようとするフランスの企てを挫折させたのはわれわれが見たところであり、ジェイムズ・ハリス卿でさえ「サンクトペテルブルク宮廷の好みに完全に適した指令」を書いた功績を否定することのできなかった人物である。

ノース卿の内閣が、ジェイムズ・ハリス卿の提言に基づき、ミノルカをモスクワ国家に提供したにもかかわらず、イギリスの平民と人民は、ハノーヴァーが彼らの手から「地中海の要衝の一つ」をもぎとるのではないかとの恐怖になお震えている。一七七五年一〇月二六日、国王は議会開会演説の中で、とりわけ、次のように述べた。「なぜわれわれはこの計画の決着を未決にしている間に、海上封鎖を維持してはいけないのか」とジェイムズ・グラハムに問うた時、「われわれは自分自身にその責任をとらなかった」との「ジェイムズ・グラハム卿自身の言葉を私は預かっている」。彼らが命令を執行する責任をとらないだと！　われわれが引用した外交文書は、あとの日付のものを別とすれば、読み上げられた唯一の外交文書である。四月五日に送られたとされる文書は、その中で「提督は黒海のロシア諸港を封鎖するうえで最も広範な裁量権を行使するように命令された」とされているが、これは読み上げられなかったし、ダンダス提督からもなんら回答がなかった。提督は、駐屯軍から引き抜かれたイギリス軍の連隊をアメリカで勤務させるために、ハノーヴァー部隊をジブラルタルとマホン港（ミノルカ島）に派遣し、それと交代させた。勅語奉答文の修正がジョン・キャヴェンディッシュ卿によって提議された。それは「ジブラルタルとマホン港のような重要要塞を外国人に委託」することを強く非難するものであった。「地中海の要衝」と呼ばれるジブラルタルとミノルカを外国人に委託する措置を猛烈に攻撃する激しい討議ののち、ノース卿は自分がこの措置の勧告者であることを認めて、補償〔措置〕議案を提出しなければならないと考えた。しかしながら、これら外国人、すなわちこれらハノーヴァー人は、イギリス国王自身の臣下であった。一七八〇年事実上ミノルカ島をロシアに譲渡したノース卿が、一七八一年一一月二二日、下院において「大臣たちがフランスに雇われているとのほのめかしを、断固たる軽蔑をもって」処理することによって、もちろん完全に正当化されたのであった。

ついでながら述べておくと、イギリスが誇り得る最も卑劣で有害な大臣のひとりであるノース卿は、議場を絶え間なく笑い声に包む技術に完全に熟達していた。サンダーランド卿もそうであった。パーマストン卿もそうであった。

(14) ノース卿は一七八二年三月二七日にロッキンガム政府に取って代わられたので、有名なフォックスが、ロシア公使の調停により、講和提議をオランダに送った。さて、ジェイムズ・ハリス卿は、女帝の気持ちや機嫌や感情の卑屈な記録者であったが、その彼があれほど自慢したロシアの調停の結果はどうであったか。予備的講和条項がフランス、スペイン、アメリカ諸州との間で取り決められたのに、オランダとはなんらかの予備的協定にこぎつけることは不可能なことがわかった。それからは、単に交戦状態の停止が得られるにすぎなかった。ロシアの調停がどれほど有力かというと、アメリカ、フランス、スペインとの確定条約が結ばれるほんの一日前の一七八三年九月二日、オランダは恩着せがましくも講和予備条約に同意したが、それはロシアの調停によってではなく、フランスの影響力を通じてであった。

(15) ミノルカ島をロシアに譲渡するイギリス内閣の計画を妨げようとするウィーンとパリの宮廷によって、またモスクワ国家が主宰する北方同盟というチャタムの大構想へのプロイセンのフリードリヒ二世の抵抗によって、イギリスはどれほど傷つけられるというのか。

(16) 前任者とはフォックスである。ジェイムズ・ハリス卿は全能の女帝エカチェリーナの寵愛を享受する度合に応じてイギリス諸政府の完全な序列を定めている。ストーモント卿、サンドウィッチ伯爵、ノース卿、かつ当のジェイムズ・ハリス卿（など）を物ともせず、またポーランド分割や、デギュイヨンのいじめや、キュチュク・カイナルジ条約や、ミノルカ島譲渡の意図にもかかわらず、ノース卿の政府は天国への階段の最下段に追いやられている。その後のエカチェリーナとの陰謀で悪名を馳せたフォックスを首班とするロッキンガム政府は階梯のはるか上方に登っている。だが、階梯の頂上にはシェルバーン政府が見える。同政府の大蔵大臣は有名なウィリアム・ピットであった。シェルバーン卿その人について、バークは下院でこう断言している。「たとえ彼が徳性においてカティリナでも、ボルジアでもなかったにせよ、それは彼の知性以外の何物のせいでもない」。

(17) ジェイムズ・ハリス卿は、イギリス大使がロシアの代理人だという主たる推論を引き出すことを忘れている。

(18) 一八世紀においては、その表に「親展」という機密印のついたイギリス外交官の外交文書は、受信者である大臣限りで国王には示されない文書であった。このような実情であったことは、マホン卿の『イギリス史』にみられるだろう。

(19) 「我が死後焼却すべし」。このように、この手稿の宛て先の紳士によって、この言葉が手稿に付されてある。

第二章　北方戦争とイギリス外交――『北方の危機』

第一章に掲載した文書は、女帝アンナの治世から、皇帝パーヴェルの治世のはじめにわたっており、一八世紀の大部分を包含している。この世紀の終わりには、ピット師が述べているように、「大ブリテンをロシア帝国に結びつけている紐帯は、自然につくられたものであり、犯すことができない」ということが、イギリス外交の公然と言明された正統的教義になった。

これらの文書を熟読している際、その内容以上にわれわれが驚かされるものがある――つまりその形式である。これらの書簡はすべて「機密」、「内密」、「秘」、「極秘」である。ところが、秘密、内密、機密にもかかわらず、イギリスの政治家はお互いの間でロシアとその統治者について、全く逆に、うやうやしい自制やみじめな屈従、さらにシニカルな恭順といった調子で話しあっているが、これらのことはロシアの政治家の公的文書の中にさえ見られるものであり、われわれにとっては衝撃的である。外国に対する陰謀を隠しておくために、ロシアの外交官は秘密を守ることに訴えた。同様の手段がイギリスの外交官によっても、外国の宮廷への敬意を表すべく採用されている。ロシア外交官の秘密文書には、何やらあやしい香料が焚き込んである。一方では、サン＝シモン公爵がいうように虚偽の匂い（fumée de fausseté）があり、他方では、自分自身の優越と狡智からくる浅薄な見せびらかしがあるが、この手のものはフランスの秘密警察の報告書に消しがたい特徴として刻印されている。ポッツォ・ディ・ボルゴの外交文書さえ、悪所文学（litérature de mauvais lieu）特有のしみで染まっている。この点で、イギリスの秘密文書はさらにすぐれていることがわかる。それは優越性でなく愚鈍さを装っているのである。たとえば、ロンドー氏が、オスマン大宰相からイギリス国王に宛てた書簡をロシアの大臣に洩らしたことをホレス・ウォルポールに報告し、しかも、「それと同時に、〔書簡には〕この宮廷についての厳しい非難が書かれているので、〔ビロンとオステルマンが〕どうしても見たいということでなければ、お知らせすべきでなかったことをお二人にお伝えしておきました」といい、そのあと閣下たちにこれ（それらの書簡）を見たことをオスマン政庁に洩らすなと述べている。一目見てこの行為の破廉恥さは、この男の愚鈍さのうちに溺れ死んでいる。ジョージ・マカートニー卿をとってみよう。ロシアが「ストックホルムでリードすることを選ぶ」のに対して、イギリスは「全額を支弁」すべきだと期待しないほどロシアとしては「道理をわきまえている」ように見えるといって彼は喜んでいるのだが、これほど愚かなことがあるだろうか。または、彼がトルコ（当時はイギリスの同盟国）との戦争に際する補助金を、平時にイギリスに請求するほど「不条理」でないようにこの宮廷に説得したと「自賛」していることや、またはサンクトペテルブルクでロシアの宰相から彼に告げられた秘密をロンドン駐在のロシア大使に「話さないように」とサンドウィッチ伯爵に警告していることもそうではないのか。また、ジェイムズ・ハリス卿が、グランサム卿の耳もとで、エカチェリーナ二世が「判断力、明確な考え、反省、団結精神」を欠いているとひそかにささやくといったことほど愚かなことがあるだろうか。(1)

他方、ジョージ・マカートニー卿がその大臣に、スウェーデン人がロシアへの従属を嫌がり、屈辱と感じているので、イギリスはサンクトペテルブルクの宮廷からイギリス流の自由と独立を口実に、その業務をストックホルムでおこなうようにと指示されたことを報告した際のあの冷酷なまでの厚かましさをとってみよう。または、ミノルカ島と捜索権と世界の諸事件の調停の独占をロシアに譲渡するようにイギリスに勧告していることも、なんら実質上の利益やロシア側の形式的保証を得るためではない。それは単に女帝による「強力な友好の輝き」を獲得し、彼女の「不機嫌さ」をフランスに転嫁するためだけのものである。ロシアの秘密文書は、ロシアが他の国といかなる共通利害も持たないことを自ら知っているが、しかもどの国もロシアとの間にほかの国を排除する共通利害を持つと各国に別々に説得しなければならないというきわめて単純な方針に沿って進められている。これに対してイギリスの急報は、ロシアがイギリスと共通利害を持つと示唆しようとさえせず、イギリスにはロシアに利害があることを自国に納得させようと努めるだけである。イギリスの外交官が、ロシアの有力者と向き合う時に主張するただ一つの議論がこれであったと、彼ら自身がわれわれに語っている。

われわれが読者に公にしたイギリスの急送文書が私的な知人に宛てたものであるにしても、それは執筆した大使たちに汚辱の烙印を押すだけであろう。それは秘密裏にイギリス政府自体に宛てたものではあるが、政府を歴史上の永遠の物笑いとするものである。ホイッグ派の物書きでさえそのことを本能的に感じ取ったと見えるのは、彼らが誰一人としてこれをあえて公表しようとしなかったことによる。

そこで当然のことながら、一八世紀中に伝統となったイギリス外交のこのロシア的性格が、いったいいつの時代に始まったのか、という問題が生じてくる。この点を解くために、われわれはピョートル大帝時代に立ち返らなければならないのも、それがわれわれの研究の主題となるからである。われわれは、ピョートル一世時代に書かれ、現代の歴史家の注目から逸したか、あるいは彼らには注目に値しないと思われたいくつかのイギリスの小冊子を復刊することによってこの課題にとりかかることにする。しかしながら、それはロシアの構想がのちの遅すぎるほどの時代まで、しかもその時には既に手遅れであったのだが、イギリスでは理解されず、怪しまれることすらなかったとか、あるいはイギリスとロシアの間の外交関係がこの両国相互の物的利害の自然な所産にすぎないので、われわれが一八世紀のイギリス政治家の親ロシア主義を責めるのは許せない前後倒置を犯すことになるとかいった、大陸とイギリスの著述家に共通の偏見に対して反駁するには十分であろう。イギリスの外交文書によって、アンナ女帝時代に既にイギリスが自己の同盟国を裏切っていることを示したわけであるが、これから再版しようとする小冊子をみると、アンナ時代の以前にさえ、すなわちピョートル一世時代に始まるヨーロッパにおけるロシアの勃興期には、既にロシアの計画が理解されており、イギリス政治家がこれらの計画を黙認しているとしてイギリスの著作者によって非難されていたことがわかる。われわれが読者に呈示する最初の小冊子は『北方の危機』と呼ばれている。それは一七一六年にロンドンで印刷され、予定されたデンマーク、イギリス、ロシアのスカナ（スコーネ）侵入に関するものである。

一七一五年、スウェーデン本土でなく、われわれがスウェーデン帝国と呼んでいる部分を分割するための北方同盟が、ロシア、デンマーク、ポーランド、プロイセン、ハノーヴァーの間で結ばれた。この分割は、近代外交最初の壮大な行為であり、ポーランド分割の論理的前提であった。スペインに関する分割条約は、継承戦争の前兆であったから、後世の利益をすべて含むことになり、ポーランド分割は、その最後の一幕が同時代の舞台で演じられたため、いっそう多くの観衆を引きつけたのである。だが、近代国際政治を切り開いたのが、スウェーデン帝国の分割であったことは否定できない。条約の予定されていた犠牲者を別とすれば、分割条約は口実を設ける振りさえしなかった。ヨーロッパではじめて、あらゆる条約違反がなされただけでなく、それが新しい条約の共通した基礎であるとさえ宣言された。ポーランド自身は、ロシアにひきずられ、不道徳の権化のようなザクセン選帝侯兼ポーランド国王アウグスト二世にひきいられて、陰謀の前景に押しだされ、こうして自分自身の死刑執行令状に署名し、喰われてしまうのが最後になるというポリュペーモスがオデュッセウスのために残しておいた特権を味わうことさえなかった。カール十二世は、自ら望んだ亡命先のベンデルから、アウグスト王とツァーリに投げかけた声明の中でポーランドの運命を予言していた。声明の日付は一七一一年一月二八日である。

この分割条約への参加は、イギリスをロシアの軌道に投げ入れた。イギリスは「名誉革命」の時代以来、ますますロシアに引きつけられていった。イギリス王としてのジョージ六世は、一七〇〇年の条約によってスウェーデンとの防衛同盟に拘束された。イギリス王だけでなく、ハノーヴァー選帝侯でもある彼は、分割条約がスウェーデンから奪う予定であったものを逆に確保したトラヴェンタール条約の保証人の一人であり、直接の当事者ですらあった。彼のドイツ選帝侯としての尊厳さえ、部分的にはこの条約に負っている。しかし、ハノーヴァー選帝侯として彼はスウェーデンに宣戦し、イギリス国王としてこの戦争をおこなった。

同盟国は一七一五年、スウェーデンからドイツ系諸州を奪い、この目的を実行するために、モスクワ国人をドイツの土地に引き入れた。彼らは一七一六年、スコーネに武装襲撃を試みるために、スウェーデン本土、すなわち現在マルメ（マルメヒュース）とクリシャンスタード地方を構成しているスウェーデン領に侵入することに同意した。したがって、ロシアのピョートルは、モスクワ国軍をドイツから動員し、シェラン島に散在させた。貿易と航海を保護するという虚偽を口実にして、バルト海に派遣されたイギリスとオランダ艦隊による援護のもとに、ここから軍隊をスコーネに運ぶためにである。既に一七一五年、すなわちカール十二世がシュトラールズントで包囲された時、イギリスからハノーヴァーに、そしてハノーヴァーからデンマークに貸したイギリスの軍艦八隻が、公然とデンマーク海軍を補強し、しかもデンマークの旗さえ掲げていた。イギリス海軍は一七一六年、ロシア皇帝じきじきの指揮を受けた。

スコーネ侵入のための準備万端が整っていたものの、思いがけないところから困難が生じた。条約はモスクワ兵三万名しか規定していないのに、ピョートルは四万名をシェラン島に上陸させたのである。だが、彼がこの目的で兵をスコーネに送る段になって、突然四万名のうち、割くことができるのは一万五〇〇〇名にすぎないことがわかった。この声明は、同盟国の軍事計画を麻痺させただけでなく、モスクワ国軍の大部分がロシア艦隊の庇護のもとにコペンハーゲンを占領したので、デンマークとその国王フレデリック四世の安全を脅かすように見えた。フレデリックの将軍の一人が、デンマーク騎兵とともにモスクワ国軍を襲い、これを絶滅しようとにわかに建議する一方、イギリス軍艦にはロシア艦隊を焼き払ってもらいたいというのである。

どのような不信を冒すにも、ある程度の意志の偉大さ、ある程度の性格の強さ、ある程度の個人的危険に対する無視が必要であったが、そうした不信を嫌うフレデリック四世はこの大胆な提案をしりぞけ、防衛の姿勢をとるにとどめた。それから彼は、自分がスコーネの空想を捨てたことを告げる依頼の書簡を書き、ツァーリも同様に帰国の途につくように求めている。それはツァーリとして応じられない求めであった。ピョートルが彼の軍とともに最後にデンマークを去ったときデンマーク宮廷は、ヨーロッパ各国の宮廷に、この事件と、計画されたスコーネ襲撃を失敗させた協定について公式に報告することが適切だと考えた――この文書が『北方の危機』の出発点となるのである。

一七一七年一月二三日付ロンドン発のギレンボリ伯爵からゲルツ男爵宛ての書簡に、当時セント・ジェイムズ宮廷駐在のスウェーデン大使であった前者が、『北方の危機』の著者であると自称していると見られるいくつかの節があるものの、ここで書名をあげているわけではない。しかし、ゲルツ宛ての彼の書簡のように伯爵のものであることが確かな諸文書を少しでも吟味して見れば、彼がこの有力な小冊子を書いたという思いつきは消えることであろう。

「北方の危機。またはツァーリの政策に関する公平な考察」

ミュンヘール・フォン・シュトッケンのスコーネ襲撃を延期した理由にうながされて作られたもの。

原本に一七一六年一〇月一〇日付コペンハーゲンのドイツ大使館書記官室における討議を経た逐語訳を付す。

Parvo motu primo mox se atiollit in auras.
[Having at first little impulsion, he presently rose into the air]
はじめはほとんど動かなかったのに、やがては天にも届くほど

ウェルギリウス

ロンドン、一七一六年

1　序言

……本書（現小冊子）は、法律家の事務員には不向きだが、国際法の真の研究者が読むにはきわめて便利であろう。取引所街の利ざやかせぎの端物株屋がこの序言に眼を通すのは時間の無駄であろうが、イギリスのすべての商人は（バルト諸国と取引をしている者にとってはなおさら）元がとれるというものである。オランダ人は（急使や信書使が何度となくわれわれに語っているように）、ツァーリとの通商条約のいくつかの条項につき、できれば手直しをしたいのだが、長年の間、それに取り組んできたものの効果はなかった。彼らがこのようにつつましい人々である限り、わが貿易業者が模倣すべきよい手本である。しかし、いったんわれわれが、われわれ双方に有利な、もっとよい足場を迅速に確保する手段で彼らを凌駕することができたら、われわれは分別を十分に発

揮して、手本を示し、彼らをむしろわれわれの模倣者にしたいものである。この小論では、今の時期にバルト地方でのわれわれの貿易について、何をすればよいかという平易な道を示すつもりである。私としては、つまらないコーヒーハウス政論家に口だししてもらいたくない。むしろ彼らが私との交際を嫌うように仕向けたいのである。私との交際がふさわしくないことを知らせてやらなければならない。政論に通じた人びとでさえ、自分たちがこれまでおろそかにして見逃し、考慮に値しないと（あまりにもぞんざいに）考えてきた彼らの全考察力を使うのに高度に適した事柄を本書に見いだすことであろう。だが、邪悪な政党人で、本書が自分たちの目的にはぴったりだと考える者はいないであろう。とはいえ、すべての誠実なホイッグ党員とすべての誠実なトーリー党員には、どちらにも本書を読んでいただきたいし、どちらにも嫌忌の念を持たず、どちらにも満足して読んでいただきたい。……要するに本書は、ばかげた空いばりをする長老教会派のホイッグ党員や、怒りっぽくわめきたて、かつ不機嫌なるジャコバイト的トーリー党員にも不向きだということである。

2　スコーネ襲撃延期についてミュンヘール・フォン・シュトッケンがあげた理由

スコーネ襲撃がそのための大きな準備がなされたにもかかわらず実行されず、ドイツにいたツァーリ陛下〔ピョートル一世〕の全軍隊が大きな困難と危険を伴いながらも、一部は彼自身の大型舟艇で、一部はデンマーク陛下およびその他の船舶によってシェラン島に運ばれ、しかもこの襲撃が後日延期されたことにほとんどの宮廷が驚くのは疑いのないことである。そこでデンマーク陛下は、あらゆる非難と恥辱を免かれるために、本事件について以下のような真の説明をすべての公正なる人びとに与えることが適切だと考えた。スウェーデン人が彼らのドイツ内領土からすっかり駆逐されてから、すべての政治の規則と戦争の理由にしたがって、いまなお頑強なスウェーデン国王を自国のまっただなかで激しく攻撃し、これによって、神の加護のもとで、永続的で正しく、同盟国に有利な平和を彼に強制するほかに道はない。デンマーク国王とツァーリ陛下は、双方ともにこの意見であり、このようにすぐれた計画を実行するために会見に同意した。会見はついに（ノルウェーが侵入を受けているとの報告に鑑み、デンマーク陛下が彼自身の首府にいることが何よりも必要であり、モスクワ国家の大使ドルゴルーコフ氏が全く別の保証を与えたにもかかわらず）、デンマーク陛下がツァーリのため六週間も滞在したのち、ハンブルク付近のハムとホルンで開かれた。この会議では六月三日、数度にわたる討議ののち、両陛下の間で、スコーネ襲撃に必ずや本年中に着手することで同意がなされ、その促進に関わるすべてについて完全なる一致が得られた。そこでデンマーク陛下は大急ぎでその領土に戻り、昼夜兼行で彼の艦隊の出動を準備するよう命令した。輸送船もまた、言語につくせない費用とその臣下の貿易に大害をもたらしながら、領土の隅々から集められた。このように陛下は（ツァーリ自身、コペンハーゲンに到着した時に認めたように）すべての必需品を調達し、万事がその成功のいかんにかかっている襲撃をはかどらせるため全力をつくした。だが一方、ハムとホルンの会議で襲撃が同意されないうちに、デンマーク陛下が侵入によって大いに圧迫されたノルウェー王国を防禦するため、同地へ彼の艦隊中のかなりの戦隊をガーベル副提督の指揮下に送らなければならなくなった。この戦隊は、敵がこの王国を去り、国の大部分を危うくすることがなくなる以前に呼び戻すことはできなかった。そこで副提督は七月一二日までそこに滞在せざるを得なかったが、デンマーク陛下は同一二日、天気が許せば全速力で帰るよう至急命令を下した。ところが風はしばらく逆に吹いたため、彼は引きとめられた……その間じゅう、スウェーデン軍は海上で力を奮い、デンマーク艦隊の残りがコペンハーゲンにいる軍艦と同時に、上述のガーベル副提督の戦隊の到着前にロストクからのロシア部隊の護衛に当たるのが得策だとはツァーリ陛下も考えなかったのである。この戦隊はついに八月に到着したので、連合艦隊は出動した。シェラン島への上記の部隊の輸送は、大変な困難と危険を伴ないつつも実行された。だが、それにはひどく時間がかかったので、九月まで襲撃はできなかった。襲撃ならびに陸軍の乗船のためのすべての準備がすっかり整った際、デンマーク陛下は襲撃が数日中に、遅くとも九月二一日までになされると確約した。ロシアの将軍と使節は、当初はデンマークの将軍と使節に疑義を呈したが、のちに九月一七日の会議では、ツァーリ陛下が現在の事態を考慮して、スコーネでは糧秣も食糧も入手できないため、襲撃を本年中にするのは得策でなく、来年春まで延ばすべきという意見であると述べた。デンマーク陛下がこれにどれほど驚いたかは容易に想像できる。ツァーリがあれほど厳粛に同意したこの計画について自分の意見を変えたのだとすれば、もっと早くそれを明言し、それによって必要な準備のために費した何トンかの金を節約することができたと考えられるだけになおさらであった。しかし、デンマーク陛下は九月二〇日付の書簡で、季節がひどく遅くなったとはいえ、それでもまだ襲撃はスコーネに足がかりをつくるうえで優勢な兵力で容易に着手できるとツァーリに対して十分に説得することができた。スコーネでは、すこぶる豊作であることが確実なので、食糧があることに疑いはない。さらに、彼自身の国と自由に交通ができるため、そこから容易に輸送することもできた。デンマーク陛下はまた、襲撃が本年中になされるべきであり、これを明春にやろうという考えを捨てるべきである大きな理由について主張した。彼だけがツァーリにこれらの感動的な抗議をしたわけではない。同地に居住するイギリス陛下の使節、またノリス提督も、きわめて切迫した調子でこの提案に賛成した。彼らは主人である国王の至急命令により、ツァーリを説得してその意見を変え、襲撃を続けさせようと努力した。だが、ツァーリ陛下はその返事の中で、襲撃実行の延期について一度下した決定を固守するつもりであり、もしデンマーク陛下が襲撃をあえてする決意なら、シュトラールズントの条約に従い、そこで定められている一五大隊と馬匹一〇〇〇頭だけを出して彼を助けるであろうし、さらに来春にはその他のどんなことにも同意し、それ以上はこの問題について明言することはできないし、したくもないと断言した。それ以来、デンマーク陛下はこれほど大きな危険を冒すことなしに、彼自身の軍と上述の一五大隊だけで、これほど大きな事業にとりかかることはできなかった。彼は九月二三日、もう一つの書簡で、ツァーリ陛下がその部隊から一三大隊を追加されたいと希望した。その際、デンマーク陛下はやはり今年中に襲撃を企てたいが、それすらツァーリ陛下からとりつけることができなかった。彼は同じ月の二四日、自らの大使を通じて断固拒否したのである。そこでデンマーク陛下は二六日付の書簡で、事態がそうであるなら、ツァーリの部隊を少しも希望しないものの、すべて早急に彼の領地外に輸送されたい、そうなれば一カ月あたり五万リックス・ドル〔一六〜一九世紀に大陸で通用した銀貨〕かかる輸送費用はなくなり、彼の臣下は現在被っている堪えがたい負担を免かれることになる、とツァーリに断言した。これには彼も同意しないわけにいかなかった。そこで全ロシア軍は既に乗船し、順風が吹き次第、ここから出るつもりでいた。いったいどうしてツァーリが北方同盟にとってこれほど有害で、共同の敵にとって最も有利な決心をすることになったのか。このことを明かすには、摂理と時宜に委ねなければならないであろう。

3　当該契約条項を通しての公平なる考察

人物を正しく観察し、知性の目で光を当てようとするならば、われわれはまず彼らの性質を、次に彼らの目的を考察しなければならない。そしてこの検討方法によって、彼らの行動が見たところ込み入った迷路と混乱に満ち、限りなく曲がりくねった政治の道を辿っているが、われわれは最も深い奥底に潜り込み、このうえなく入り組んだ迷路を進み、ついには彼らの心の最大の秘密に至る深遠さをきわめた手段にいきつき、その最大の謎を解明することができよう。……ツァーリは……生まれつき偉大で進取の精神を持ち、完璧なまでの政治的能力を備えている。その目的についていえば、人民の財産と名誉を専制君主として支配している自らの統治の仕方からみれば――全世界のすべての政策が遠い先の目的により、帝国と富の取得と累積を約束してくれるようであれば――極端きわまる欲望と野心により、帝国と富の両方を手に入れる計画を間断なく立てさせるに違いない。飽くことを知らない欲望を満たそうと、貪ってやまない財産欲と、限りない領土支配への渇望という目的があって彼をそそのかしているにしても、それらのもの〔財産と支配〕がたしかに彼の目的であるはずである。
われわれが問うべき次の問題は以下の三つである。

一、どのような手段によって彼はこれらの目的に到達できるのか？
二、これらの目的は、どれだけ彼からへだたり、そしてどんなところなら、最もよく達成されるのか？
三、彼はこれらの目的を、あらゆる適当な方法を使い、またそれを成功させることにより、いつまでに達成できるのか？

ツァーリの領地は巨大で、はてしなく広がっている。人民はすべて彼に酷使されており、すべてが彼の全くの奴隷であり、彼自身の国のすべての富は彼の命じるままになる。とはいえ、国は土地こそ大きいが、産物は必ずしも多くはない。すべての臣下が銃を持ち、召集がかかれば兵士になるはずであった。だが、そのうちには一人として真の兵士も自分の使命を理解した人間もいなかった。彼らすべての富はツァーリのものであるが、彼らはいうほどの商業も、わずかな現金も持たないのである。したがって彼の金庫は、一切合財を貯めたところで、きわめて乏しく、空っぽであった。さらに彼は、この二つの自然なる欲求を満たすには、貧弱な条件にあったのであり、軍隊を養う富もなければ、戦闘術の訓練を受けた軍隊もなかったのである。この君主が、望み高い天稟と、旺盛な精神を持つ君主に必要な高貴な野心とをどれだけ持っているかを示す第一の証拠は、自分よりも賢く、自分よりも統治にたけている臣下を一人も信じないということであった。彼はそのようにふるまい、自分こそ世界の他のすべての領域を旅行してまわり、自己の領地を進歩させるため政治を学ぶのに最もふさわしい人物だと見なしたのである。そしてツァーリは、兵学を修めた人びとに対しては、尚武の気質をほとんど装うことはなかった。彼の軍事行動は、多くはトルコ人とタタール人相手のもので、彼らは同じぐらいの兵力を持っていたが、彼の兵と同じように、烏合の衆から成り立ち、戦場では未熟で無規律な民兵のように見えた。その点でキリスト教の隣国は彼を大いに好んでいる。というのも、彼が異教徒に対する一種の抑えであり、間に合わせのものだったからである。ところが、彼がキリスト教世界のより洗練された部分を調べるようになると、この世界に対して、当初から生まれながらの政治家のような態度をとった。彼は戦場で運だめしをしたり、敗北の危険を冒すことで勝負について学ぶことはなかった。そうではなくて、彼は時勢柄、サムソン〔怪力で知られる古代イスラエルの士師〕のようにその力を腕ではなしに、頭脳で勝ち取るのが得策であり必要であるという格言にしたがって行動した。ツァーリはその当時、自らの貿易に便利な場所をごくわずかしか持たず、しかもそれがみな白海にあることに気づいていた。それは遠すぎるうえに、一年の大部分氷結し、艦隊には全く不向きであった。しかし彼は、バルト海地方の隣国のより便利で、将来自分の力を強めた暁には、掌握することのできる場所をたくさん知っていた。彼はそれらの場所に切望の目を向けたが、頭では用心して表面的には別の方を向き、時が来たらこれらをすべて手に入れるのだと考えて心ひそかに楽しんでいた。警戒心を起こさせまいとして、彼は自分の兵士を訓練するのに隣国の援助を受けないように努めた。それはこれから決闘するつもりの上手の相手に対して、まず剣術を教えて下さいと頼むようなものである。ツァーリは大ブリテンへ行った。彼が知っているように、この強国は今のところ、彼の力の増大に羨望の念を持たず、イギリスから見れば、その広大な国は軽視され、考慮されず、見逃されていた。私の見るところ、残念ながら今日のままなのである。彼はわが国のすべての演習に立ち合い、すべての法律を調べ、わが国の軍事上、民事上、宗教上の制度を視察したものの、これらはすべて彼が当時、欲したものではけっしてなく、彼の目的の最も取るに足りない部分であった。わが国民をよく理解するようになるにつれて、彼は船渠《ドック》を訪れるようになる。ここでは利潤の期待など少しもなく、われわれの造船法を見て大いに楽しむだけだ（好奇心のせいにすぎない）という素振りを見せた。彼はわが国の造船所に宮廷を設けたといってよいくらいで、何度も造船所を訪れた。だが、彼の腕前と精励を示す不朽の栄誉としていえば、偉大なツァーリは、しばしば現場に身をおとして労働し、彼らのうちの最良の熟練工とともに斧を扱うことができた。この君主は優れた数学的頭脳を持っていたので、しばらくのうちにきわめて熟練した船大工王になった。一隻か二隻の船が彼の気ばらしのために作られ、彼に送り届けられ、次にさらに二隻か三隻、そのあとまた二隻か三隻かという具合であったが、それは思うままに海上を支配することのできる海軍国が彼に売却することを許している以上、何ということはないであろう。それは取るに足りない些細な事柄であり、考慮に値しないのである。だが、彼はそのうえに、われわれの多くの最良の労働者の善意にたくみに入り込み、その人柄ゆえの懇意さや、隔てなく付き合うことによって彼らの心を惹きつけた。このことを利用して、ツァーリの国に行き、そこに定住する者に対してはいろいろと巨額の賞与と特典を提供したところ、彼らは喜んでそれを受け入れた。しばらくあとにツァーリは、もっと多数の労働者、土地管理人、同じく選り抜きの熟練海員を募るため数人の私的使節と役人を派遣した。これらの人びとは、ロシアへ行けば昇進し、役職に就くことができたのである。それどころか、今日でもアルハンゲリスク港に向け航行中の熟練海員なら誰でも、少しでも大望があり、役職に就こうという熱意があるなら、ツァーリの海上勤務に応募すれば、すぐさま尉官になれる。そのうえ、この君主は、われわれの商船から、最も腕利きの海員を必要なだけ力づくで奪い、その代わりに同数の新米のモスクワ国人を船長に渡すやり方まで採用している。船長はのちに、自衛上彼らを自らが使えるように仕込まなければならなかった。それだけではない。彼は近年の戦争の間、貴族と一般船員とあわせて何百という臣下を、わが方の船にも、フランスとオランダの船にも乗せていた。そして彼は、その間じゅう多数の海員をわが国とオランダの港に置いていたし、今でも置いているのである。

　だが、ツァーリは自分自身の船隊を建造でき、自分の手で自国の産物を輸出し、他国の産物を輸入できる海港がなくては、彼自身とその臣下を進歩させようというこれらのすべての努力がはじめから無駄になると考えた。またスウェーデン王が最も便利な海港――ナルヴァとレヴァルであるが――を所有しており、王がけっしてたやすくは手放さず、また手放そうとも思っていないことがわかっているので、ツァーリはとうとうこれを力づくで彼からねじりとる決心をした。スウェーデン陛下が若いうちが、この冒険に何よりも適当な時期と見えたが、それにしても彼は、単独で危険を冒そうとは思わなかった。彼はほかの君主たちを獲物の分配に引き入れたものの、デンマーク、ポーランド国王は弱すぎてツァーリの大きな野心的意図を促進する道具の役には立たなかったのである。たしかに、彼は当初、したたかな障害にぶつかりはした。彼の全軍はナルヴァで一握りのスウェーデン軍に完敗したが、スウェーデン陛下がこれほどの大勝に乗じて彼に迫ることなく、ただちに矛先をポーランド王に転じたのは、ツァーリの幸運であった。ポーランド王に対してスウェーデン王は個人的に立腹していたが、彼は王を親友の一人と見なしていた。だが、最も緊密な同盟をまさに結ぼうとした矢先、ポーランドが突然、スウェーデン領リヴォニア〔ラトヴィア・エストニアの旧称〕に侵入し、リガを包囲しただけに、なおさらスウェーデン王は立腹したのである。あらゆる点からみて、ツァーリにとってこれほど望ましいことはなかった。ポーランドの戦争が長引けば長引くほど、それだけ彼は最初の失敗も埋め合わせ、ナルヴァを取るだけの時間が稼げると予測して、この戦争をできるだけ長く引き延ばそうと図った。その目的のために彼は、ポーランド王がスウェーデン王に対し強くなりすぎるほどの援軍をけっして送らなかった。他方、スウェーデン王は相次いで大勝を博しても、敵がその世襲国から増援を受ける限り、けっしてこれを征服することはできなかった。スウェーデン王が、多くの人の予測に反して、まっすぐザクセンに進軍し、それによってポーランド王の和睦を迫るということがなかったならば、ツァーリはたしかに彼の構想をもっと熟させるだけの時間があったであろう。この講和はツァーリがぶつかったうちでも最大の失望の一つであった。このため彼は単独で交戦することとなった。だが、彼にはあらかじめナルヴァを取り、彼のお気に入りのペテルブルクの街に海港、船渠、大倉庫を創設したという慰めがあった。これらのすべての工事が今やどの程度の完成に達しているかは、それを見て驚いた人に語ってもらいたい。

彼（ピョートル）は問題を和解に持ち込むためにあらゆる努力をしつつ、きわめて有利な条件を申し出た。すなわち彼は、ペテルブルクに望みをかけながら、些細なもののように見せかけたのだが、それだけを保有したものの、これに対してさえ、彼は何かほかの方法で補償するつもりでいたのである。だが、スウェーデン王は、この場所を野心的君主の手中に残しておき、それによってバルト海への入り口を彼に与えることの重大性を知りすぎていた。ナルヴァの敗戦以来、ツァーリの武器が防衛の目的にしか使われなかったのは、これが最初である。スウェーデン王が（誰に説得されたのか、いまもって謎であるが）ノヴゴロドとモスクワへの最短路を進まないで、ウクライナに転ずるということが起こらなかったなら、おそらくツァーリの武器は防衛にも足りなかったことであろう。ウクライナでスウェーデン軍は、大敗と損傷を喫したのち、最後にポルタヴァで完敗した。これがスウェーデンの成功にとって命取りとなる時期であっただけに、それがモスクワ国家にとってはどんなに大きな救いであったことか。このことはこの日以来、ツァーリの野心的構想がいやがおうにもふくらむことになるその記念日が、毎年うやうやしく祝われることからも推測されよう。リヴォニアとエストニアの全体と、フィンランドの最大最良の部分が今では彼の要求するところであった。そうしておけば――もっとも、さしあたり彼はスウェーデンの残りの部分に恩きせがましく平和を与えるかもしれないが――あとはその気になればいつでも容易にこれを彼の獲物に加えることとすらできることがわかっていたのである。このような計画のうち、彼が恐れなければならない唯一の障害は、北方の隣人からのものであった。だが、海軍国とドイツ内の隣接の君主たちは、このころフランスとの戦争に没頭していて、北方の障害のことを全く顧みないように見えたので、依然として油断ができないのはデンマークとポーランドだけであった。この二つの王国のうちの前者は、光栄ある故ウィリアム王〔イギリス王〕から、ホルシュタインと、次にスウェーデンと和睦するように強制されてからは、引き続き平和を享受することができ、その間、自由貿易と海軍国からの補助金のおかげで富裕になる時間ができ、そうすることが自分の利益であったので、スウェーデンに同調することでツァーリの前進を押しとどめ、そこから生ずる危険を適時に予防できる状態にあった。もう一つの国、ポーランドでは、今やスタニスワフ・レシチニスキ王の統治のもとで平穏であった。彼が王位を得たのは、いわばスウェーデン王のおかげであったから、感謝の気持ちからしても、また自国の利益についての現実の関心からしても、大望にすぎる隣人の計画に反対しないわけにはいかなかった。ツァーリは抜け目なかったので、これらすべてのことに処する道を心得ていた。彼はデンマーク王に、スウェーデン王が今ではどんなに弱くなっているか、その君主〔カール十二世〕の長い不在の間にその羽翼をそぎ、これを犠牲として自国を強化するには今が好機であると説いた。アウグスト二世に対しては、ポーランドの王位を失ったことへの長く秘められた遺恨の念をかきたて、今なら何の困難もなしに王位をとり戻すことができるだろうと語った。こうして二人の君主はたちまちひっかかってしまったのである。デンマークは、もっともらしい口実すらなしにスウェーデンに宣戦し、スコーネを襲撃し、ここで多くの苦痛を伴なうことなく静かに打ち負かされた。アウグスト二世はポーランドに再入国したが、ここでは万事がそれからずっと最大の無秩序の有り様であり、しかも多くがモスクワ国家の陰謀によるものであった。ツァーリが自分の野心に役立てるために引き入れただけのこれらの新同盟者が、はじめは彼を保全するうえに彼が思った以上に必要となった。というのも、トルコが宣戦布告したので、同盟者はスウェーデン部隊がトルコ人に加わって彼を攻撃するのを妨げたからである。しかし、ツァーリの賢明な振る舞いとオスマン大宰相の強欲と愚鈍のため、まもなくこの嵐が過ぎると、彼はこれらの友人の両方をかねて考えていたように利用した。のちになって、獲物の見込みがあるからといって彼らを同盟に引き入れようと説きつけたのと同様に、である。それは、スウェーデンと並んで彼らをもすっかり弱めるために、戦争の負担と危険をこれに負わせるにあった。一方、彼は彼らを次々に併呑する準備をしていた。次々に困難な企てを押し付けられた彼らの軍隊は、戦争と長期の包囲によって著しく減少したが、他方、彼自身の軍隊は、より容易で、自らにとってより有利になる征服に使用するか、それとも中立の君公たちの莫大な費用で養われるかした。これらの君公は、分捕品を手に入れるために攻撃をしなくても、その分け前の要求に立ち会えるほど手近かにいたのである。ツァーリの行動は海上でも同じように抜け目なかった。海上では、彼の艦隊はいつでも安全なところに置かれ、デンマークとスウェーデンの間で交戦が多少でもありそうな時は遠距離の場所に置かれていた。彼はこの二つの国が相手の艦隊を亡ぼしてしまえば、ツァーリの兵力はバルト海の主人公となるものと期待した。その間じゅう、ツァーリは外国人の模範にしたがい、また彼らの指揮のもとで、自分の兵員の戦争術を改善することに留意した。……彼の艦隊はまもなく数の上ではスウェーデンとデンマークのものを合わせたよりも著しく勝ることになろう。ツァーリはこれらの国がこの偉大で光栄ある企てに最後の仕上げを加えるのに妨げになることを恐れるに当たらない。この企てがなされたら、われわれは自分のことを気遣うべきである。やがてツァーリはわれわれのライバルとして、現在は軽視されているだけに、われわれにとっていっそう危険な存在となるであろう。そうなれば、われわれはおそらくもう手遅れであろうが、われわれ自身の外交使節と商人が、彼の計画について語ったことを思い出すことになるであろう。その計画とは、北方貿易全体を単独で営むこと、カスピ海または黒海から彼のペテルブルクまで航行可能にし、合流する諸河川を通じて、トルコとペルシアからわれわれへの全貿易を手に入れることである。その暁に、ツァーリがペテルブルクとレヴァルでおこなった巨大な工事のことをわれわれが耳にしたら、その計画について疑惑を持たないわれわれの盲目加減をいぶかることになるであろう。

この後者であるレヴァルについて一一月二三日付のデイリー・クーラント紙は以下のように述べている。

ハーグ、一一月一七日

レヴァルに滞在したことのあるオランダ国軍艦の艦長たちは、同地の港と要塞をバルト地方だけでなく、ヨーロッパの最も重要な要塞の一つと見なし得るほどの防御状態に高めたことを知らせている。

ここでわれわれは、ツァーリの海上の事件や商業と製造業そしてその他の彼の政治と権力の双方にわたる事業についてはこれくらいにしておき、最近の戦役における処置について、とくにあれほど論議を呼んだ襲撃、すなわち彼が連合軍とともにスコーネに加えることになっていた襲撃について検討してみれば、われわれはこの点でさえ、彼がいつものように抜け目なく行動していたことがわかるであろう。デンマーク王が最初にこの襲撃を建議したことに疑いはない。彼があれほど性急また不当に始めた戦争を急いで終わらせるほか、彼の国を破滅から救い、スウェーデン王がノルウェーないしシェラン島とコペンハーゲンに仕掛けた大胆な企てから逃れることはできないと考えた。この君主と単独に交渉するのは、彼が不正な敵に寸土も渡そうとしないことが予知されるため、到底できないことであった。そして彼デンマーク王は、スウェーデン王がその敵の提案する条件に同意するものと想定して、全面講和会議が自国の事態が耐えられる時点を超えて、交渉を引き延ばすのを恐れた。そこで彼は、スウェーデンを急襲して、スウェーデン王の急所を衝こうとすべての同盟国を誘うのである。この計画に用いる兵力の優勢によって彼を打破ったうえ、彼ら自身が欲する条件で彼に即時講和を強要すべきであり、またそうすることができると期待した。彼の同盟国の残りの者が、どこまでこの計画に賛成しているのか私にはわからない。だが、プロイセン宮廷にしてもハノーヴァー宮廷にしても、この計画のうちに公然とは現われなかったし、ジョン・ノリス卿支配下のイギリス艦隊がどこまでこれを推進することになったのかについて、私は何もいいたくはない。ここではデンマーク王自身の宣言を受けたほかの人びとの判断に委ねたいが、ツァーリは即座に賛成した。彼はこれによって、他人の犠牲でもう一つ戦役を加える新しい口実を得た。すなわち、ツァーリの部隊を再び帝国内に進め、これをまずメクレンブルクに、次にシェラン島に駐屯させ維持するのである。そうするうちに、彼はヴィスマールと、ゴットランドと呼ばれるスウェーデン領の島に目をつけていた。もし彼が奇襲によって、同盟国の手から前者を取ることができれば、その際にはよい海港を持つことになり、プロイセン王にその領内の自由通行の許可を求めることなしに、いつでもここから自分の部隊をドイツ内に輸送することができる。もし急襲によってスウェーデン軍を後者から追い出すことができれば、そのとき彼は、バルト地方の最良の港の主人となれるであろう。だが、彼はこの計画のどちらにも失敗した。というのも、ヴィスマールは奇襲に向かないほどよく防備されていたし、同盟国がゴットランド征服に手を貸そうとしないことを知ったからである。それからというもの、ツァーリはもう一方の眼で、スコーネ急襲に着目し始めた。彼は、それが成功してもしなくても、同様に彼の利益に反することを知った。というのも、もし彼が成功し、これにより国王が全面講和を強いられても、そこでの彼の利益がほとんど考慮されないことがわかったからである。彼は同盟者たちが、自分自身の条件が満たされれば、彼の利害がすすんで犠牲になりそうなことに、既に十分に気づいていた。もし彼が成功できなければ、その時には彼があれほど丹精こめて訓練し、鍛練した陸軍の精華を失うほか、スウェーデン王がデンマークに対して何を企ててもイギリス艦隊がそれを阻止するだろうということも、きわめてよく予見していた。そこでもっともなことであるが、ツァーリは全打撃が自分に下され、既にスウェーデンから奪っていたものをそれにより放棄させられることを恐れていた。このように考慮して、ツァーリは急襲の一つをやらないとかたく決心したのである。だが、彼はぎりぎりになるまで、あえてそれを言明しなかった。第一に、それだけ長い間自分の部隊をデンマークの賄いで駐留させられる。第二に、デンマーク王が、他の同盟国に必要な部隊を要求し、彼抜きに急襲をおこなうにしてももう手遅れになるであろう。最後に、必要な準備のためデンマーク人に莫大な出費をかけることによって、これをいっそう弱め、したがっていっそう自分に依存させ、今後はもっとたやすく餌食にできるであろう。

それゆえにツァーリは、急襲がまさにおこなわれようとするまで自分の本心を注意深く隠しておき、そのときになって突然急襲に加わるのを拒否し、それを来春まで延ばすといい、翌年には自分の約束を守るつもりだと断言した。だが、それはわが国のいくつかの新聞が述べているように、彼がスウェーデンと有利な講和を結ぶことができなければという条件つきであることに注目したい。この一節はわれわれが現に持っている一般報道、つまり彼がスウェーデン国王と単独講和の交渉をしているという報道とあわせて、彼の狡知と政策の新しい実例である。彼はここで両天秤をかけており、どちらか一つを役に立たせなければならなかったのである。ツァーリが彼とスウェーデン国王との間の調停がきわめて実現困難なことを知っていたことに疑いはない。というのも、一方で彼が海港を手に入れるために戦争を始めたのは、彼の遠大な計画を続けるのに絶対に必要だったからである。これらの海港を手放すことに同意するはずはなく、スウェーデン国王は同じ海港を譲渡するのは彼の利益に真っ向から反するものと見なし、できればそれを阻止したいはずである。ところがまたツァーリは、スウェーデン陛下の偉大な英雄的精神をよく理解しているので、彼の譲歩を求めないが、それはわずかな名誉のためというよりも、利害のためである。そこから、彼の正当な判断では、不正な戦争を始めたとはいえ、たびたび高いツケを払い、変転する成果をあげて続行してきた彼に対しては、スウェーデン陛下はいくつかの同盟国に対するほど激怒していないに違いないということになる。そしてスウェーデン陛下の不運に乗じて卑劣なやり方で襲いかかり、彼の領地の分割条約をつくった。ツァーリは、その偉大な敵の天稟になおいっそう順応するために、いかなる場合にも何ら考慮を払わず、それどころかきわめて非礼な考慮（威嚇の覚え書と弱い者いじめの宣言）しか払わない同盟者たちと違って、引き続き〔スウェーデン王〕カールをわが兄弟と、最大限に丁重な言葉で呼び、ヨーロッパ最大の将軍だと主張し、ツァーリの同盟者たちの保証、誓言、それどころか条約よりも、彼の言葉をいっそう信頼するとまで公に断言している。この種の丁重さは、おそらくスウェーデン国王の高貴な精神により深い印象を与え、彼が悪意をもって対するどころか、不人情に扱った人びとに対してすら、それほど重要でない事柄で満足させるよりも、むしろ現実の利益を寛大な敵に犠牲として捧げる気にさせるかもしれない。たとえそれが仮にうまくいかないとしても、ツァーリはこうした単独交渉をして同盟者たちを不安がらせることで、やはり得をするのである。新聞でわれわれが知ったように、彼と同盟を保つことを切望する者にとって、同盟にはきわめて大きな贈り物と約束が必要になる。ところで、デンマーク軍とスウェーデン軍を確実に戦争させ、できるだけはやく互いに弱めておきつつ、彼は帝国に向きをかえ、そこに新教の君主たちを見た。そしていろいろともっともらしい口実を設けて、デンマークから帰った自分の軍隊をそれらの地域のあちこちに動かしただけでなく、不平を持つ臣下に対してポーランド国王を助けるという口実で、これまで長らくそこにおいていた軍隊をドイツに向けてゆっくりと前進させた。その間ずっと、臣下の動揺の最大の挑発者だったのは彼である。ツァーリは、皇帝がトルコと戦っており、したがって、帝国の構成国を守るうえで皇帝が権威を示し得ないことを順調すぎる経験で知った。その軍隊は、出発をさかんに要求されているにもかかわらず、メクレンブルクにとどまっていた。この問題に関するすべての要求に対する彼の回答は、自分は帝国に新しい法律を与えるつもりでいるといった理由で満ちていた。

さて、スウェーデン国王がツァーリと講和し、彼の無念の力をそれほど寛大ではない敵に仕向けた方がいっそう名誉あるものと考えると仮定してみよう。その場合、帝国の諸君公、とりわけ、一万または一万二〇〇〇のスウェーデン軍に対して帝国の平和を守るためといって、無謀にも四万のモスクワ軍を引き入れた諸君公は、どんな立場をとるであろうか。皇帝がすでにトルコと交戦中であり、ポーランド人にしても、いったん内部が平和になれば（あれほど長い戦争で辛苦をなめたのに、まだ何かを企てることができるとしてだが）条約によって、あのキリスト教の共同の敵との戦いに加勢する義務がある時、これらの君公は彼に対してどんな立場がとれるのかと私はいいたい。

ごく小さな発端から大きな唐突の結論を引き出すものだという人もいるかもしれないが、私の答えはこうである。このような反対者は、ツァーリがはじめの起源ではほんの小物であったのが、ありえないくらい打ち勝つことのできない困難をなめる中で成長し、現に到達しているような巨体になり、そのため彼の弁護人を務めるオランダ人でさえ告白しているように、その隣人の平静だけでなく、ヨーロッパ全般の平安にとってあまりにも恐るべきものになったことをなぜ私が示すのか、振り返り反省してもらいたいのである。

　だが、彼らはまたこうもいうであろう。すなわち、彼はデンマークと離れてスウェーデンと講和をするにも、またはほかの君公と戦うにもそれだけの動機がないために、ツァーリはこれらの君公のうちのある者と同盟を結んでいるのではないか、と。これらの反対にはまだ答えたことにならないと考える人びとは、ツァーリの性質についても、彼の目的についても、ともに考えなかったに違いない。さらにオランダ人は、彼がもっともらしい口実もなしにスウェーデンと戦争をしたことを認めている。もっともらしい口実もなしに戦争を始めた者は、もっともらしい口実なしに講和をするであろうし、またそのためのもっともらしい口実なしに新しい戦争をするであろう。皇帝陛下（オーストリアの）は思慮のある君主として、オスマン朝と戦争しなければならない時は、政治の場合と同じく、強硬におこなうべきである。ところで、同じく賢明で有力な君主であるツァーリは、彼をめぐる近隣の新教徒の君主に対しても、この例にならうべきではないのか。口にするのもはばかれるが、彼がそうするとしても、このキリスト教時代に新教が大規模に廃止されること、そしてまた、キリスト教徒の間で、ギリシア正教徒とカトリック教徒が再度、普遍帝国の唯一の支配権要求者になることはあり得ない。単に可能というだけでも、海軍国ならびにその他すべての新教徒君主にとり、スウェーデンとの講和を調停し、再び自己の武備を強めるべきだという警告となるに十分であろう。それなしには、どんなに準備しても彼らの十分な防衛とはならないからである。しかもこのことは、スウェーデン国王が絶望のあまりにせよ、復讐のためにせよ、ツァーリに身を任せないうちに素早く、かつ時宜を得ておこなわなければならない。賢者は旧套を墨守すべきでなく、機会とともに変わらなければならないというのは、確かな金言だからである（この金言は、すべての君主が守らなければならない、そしていまのツァーリは全キリスト教界のために守りすぎているように見える）。いな、彼は機会とともに進みさえしなければならない。よしや彼をほめることになろうと、ツァーリとしては、このように不意をつかれるのを甘受することはほとんどあり得ないといいたい。彼はまさに時を利しながら行動するようである。時と機会を利用するくらい、われわれの事業の成功に寄与するものはほかにない。時は事を成す好機をもたらすがゆえに、もしこの好機を逃せばすべての計画は失敗に帰する。

要するに、今や事態は、スウェーデンとの講和をできる限り早急に達成すべき危機に達したということである。しかも、それを受諾することが、彼〔スウェーデン王〕の微妙な名誉と合致し、また彼が以前に帝国内に所有していた全領地をほとんど下回ることのない程度で彼に提供することになる新教徒側の利益の確保とも合致する有利な条項を備えた講和なのである。ほかのすべての場合と同じように、政治においても、どんなに確実そうに見えても仮定に基づく不確定なものよりも、既に試験ずみの確実なものを選ばなければならない。ところで、スウェーデンが帝国内に持っていた領地を、より手近に置き、ちょうどその頃に救った帝国内の特典とともに新教徒の利益をよりよく確保できるようにするため、これを帝国に与えることほど確実なことがはたしてあるのだろうか。同王国が、それらの手段によって、先の利益をこれまで八十年近くにわたり、あらゆる機会に確保してきたことほど確実なものがあり得るだろうか。故アン女王陛下が彼（カール十二世）に宛てた書簡、しかもホイッグ政府時代の書簡の言葉を引用すれば、それは現スウェーデン陛下について「真の君主、英雄およびキリスト信者として、彼の努力の主目標は、人びとの間に神の畏れを助長することであった、しかも彼自身の個別的利害を主張することがなかった」と記している。

　他方、それらの君主は帝国内のスウェーデン領を分け取ることにより、そこでの新教徒の利益の保護者の地位に就こうとしているが、スウェーデン人を除外してそれができるかどうかはけっして不確実なことでない。デンマークは既にひどく衰微しており、どう見ても戦争が終わるまでにもっと衰微するであろうから、今後ながらくデンマークからほんのわずかの援助も期待することはできない。ザクセンでは、ポーランド君主のもとにあって前途はあまりにも暗く、したがって新教のすべての君主のうち、残りの者の先頭に立つことのできるほど有力な者として残るのはハノーヴァーとブランデンブルクの二つの名門王家のみである。そこでわれわれは、メクレンブルク公国で現に起こっていることと、新教の利益にとって起こりそうなことを対比するだけにしておきたい。そうすると、われわれがどんなに誤算しがちであるかがすぐにわかってくる。このあわれな公国はモスクワ国家の軍隊によって見るも無残に荒らされたところであり、今でもそうである。ブランデンブルクとハノーヴァーの両選帝侯はニーダーザクセン・クライス〔帝国クライス：神聖ローマ帝国の行政区分〕の指導者、隣人、新教君主として、帝国の成員国家、新教国を、外国のきわめて残酷な抑圧から救う義務がある。ところで、彼らはいったい何をしてくれたのか。

ブランデンブルク選帝侯は、一方ではモスクワ軍が彼の選帝侯領に、他方ではリヴォニアとポーランドから彼のプロイセン王国に侵入しはしないかと警戒しており、ハノーヴァー選帝侯は、彼の世襲国について同じような慎重な警戒をしていて、このきわめて切迫した場合にありながら、抗議以外のあらゆる手段を行使することが自己の利益になるとは考えていない。だが、はたしてどんな成果があったのだろうか。モスクワ国家の軍勢はいまなおメクレンブルクにいる。それがいよいよ退去するとすれば、それはこの国があまりにも荒廃して、もはやそこで食っていけなくなった時であろう。

スウェーデン国王には、ツァーリ側で失ったところをすべて取り戻してやるべきだと思われた。このことは海軍国双方の共同利益と見える。これは彼らがすすんで取り上げることであろう。オランダにとっては、ツァーリが強くなりすぎており、これをバルト海に定着させてはならず、スウェーデンを放棄してはならないというのが公理だからである。またイギリスにとっては、ツァーリがその広大で異常な計画を達成すると、スウェーデンの滅亡と征服により、われわれにとってより近くより恐るべき隣人になるからである。そのうえわれわれは、一七〇〇年にウィリアム国王と現スウェーデン国王の間で結ばれた条約によって法的に拘束されている。この条約によってウィリアム国王は、いまよりもずっと有力な状態にあったスウェーデン国王に、彼の欲するすべてのもの、巨額の貨幣、数百反の織物、大量の火薬を用立てしたのである。

だが、若干の政治家（増大するツァーリの兵力と能力に一切警戒しない）は、術策にたけた古狐でありながら、ツァーリがわれわれをこの島国で痛めつけるほどの強大な力を発展させる能力があることを見ようとしないか、それとも見えないふりをしている。彼らにとっては、仮に親切に答えてくれるとしても、同じ答えを百回でもくり返すのはやさしいことであり、一度あったことは二度あるだろうというのである。しかも彼らすら、ツァーリがとても信じられないようなやり方で、今のような権力の頂点に達することができたのがなぜなのかわからないのである。この容易に信じない人びとに、この大君主の性質、目的、計画について詳しく調べさせるがよい。それらの根拠が奥深いところにあり、その計画は莫大な量の思慮と先見を包摂しており、彼の目的は結局のところ、政治における一種の魔術によってなしとげられることがわかるであろう。彼らはそれにもかかわらず、われわれが彼のするすべてのことを恐れるべきだと考えたりはしないであろうか。自分が抱いている計画が早産にならないよう希望するように、それにきまった誕生日を割り当てることなく、これから百年後につくられる器物の鋳型を今日せっせと作り上げるあの中国の風変りな工芸家のように、適切な時間と機会が自然に生成されるのに委ねているのである。

われわれのうちには、真の政策と自国の利益のための配慮よりも、より多く抜け目ない宮廷陰謀と目先の政術に耽ける別種の近視限的政治屋がいる。これらの紳士は、彼らの信念をすっかり他人まかせにしている。自分に向けられたあらゆることについてこう質問するのである。宮廷の好みとはいかなるものなのか。それについての自党の意見はいかなるものか。反対党は賛成なのか、反対なのか。これらにより彼らは自分の判断を決めているのである。彼らの狡猾な指導者にとっては、どんなことでもホイッグまたはジャコバイト〔ジェイムズ二世派〕と烙印を押せば、それだけでこの人びとの問題をそれ以上調べないで、盲目的に支持させたり、反対させるのには十分なのである。現在われわれが論じているテーマの場合もそのようなものだと思われる。スウェーデンとその国王にとって有利にいわれたり書かれたりしたことは何であろうと、ただちにそれはジャコバイトの手になるものだといわれ、それを読みも考察もせずに、罵られ否認される。それどころか、スウェーデン国王はローマ・カトリック教徒であり、ツァーリは善良な新教徒であると、公然と、しかも世にもまれな激しさで紳士諸君が主張していると私は聞いている。実のところ、これはわが国が悩んでいる最大の不幸の一つであり、自分の眼で物事を見始め、事物の真相を自分で調べるまでは、神を除いて、われわれはどこへ連れ去られるかわからない。条約と現実の利益にしたがってスウェーデンのために尽くすのは、党利とは何のかかわりもない。スウェーデンを駄目にする何かの口実を探したり理解したりする代わりに、われわれは公然とこれを助けるべきである。われわれの新教的継承には、それ以上の友人またはそれ以上に大胆な擁護者があり得たであろうか。

これまで述べたことを簡単に要約することでこの節の結びとしたい。ツァーリが、スコーネ急襲を延期するという決意に固執するといって、その逆を懇願するデンマーク王に答えただけでなく、わが国のノリス提督にも答えたこと、またスウェーデンと和睦することができるなら、急襲はしないと決心しているとほかの新聞によって伝えられていることがそれである。また、すべての君主は、とりわけわれわれは、大体私の指摘するような計画を彼が持っていることに注意を払い、どのようにこれを阻止するかについて相談し、あまりにも高く舞い上がろうとする彼の翼を適時に刈り取るべきである。翼を刈り取るといっても、それは第一に、海軍国がある程度牽制し始め、これを恐れさせる気にならなければ有効におこなうわけにいかないので、これまで進んで助けてきた有力国が何とかしてこれを押し戻すことが望ましい。さらに、スペインの田舎者の言葉でこの大冒険家には次のようにいえばいい。すなわち、そのスペイン人は安置された彫像にめぐり逢い、はじめの作りはよく覚えているが、それへのもっともふさわしい言い方がわからないため、「そんなにいばりなさんな、わしらは李〔プラム・トリー〕の樹の時からあんたを知っているのだよ」といったという。その次のただ一つのやり方は、スウェーデン国王が失ったものを講和によって回復してあげることである。それは即時に彼（ツァーリ）の力を抑えるということであり、この点ではほかに何もできない。私はこれまで国王と戦ってきた人びとが、結局は主に自分自身と戦ったことにならないように祈るばかりである。スウェーデンが領土をとり戻し、ツァーリの勇気をくじくことができても、その隣人に向かって、昔のギリシャの英雄と同じく次のようにいうことであろう。この英雄は国人のために功を立てるが、そのたびにいつでも追放され、彼らが成功を必要とする時にはやむなく呼び戻されたという。彼はこういった。「この人びとはいつでも私をシュロの樹のように使っている。彼らは私の枝をたえず折っているが、嵐がくると私のところに駆けつける。彼らはこれ以上の避難所が見つからないのだ」。もしそんな人びとがいないなら、私はテレンティウスの『アンドリア』の一句を叫ぶのみである。——誰でも邪悪を喜ぶような愚かさをたくさん身につけて生まれるものと信じられようか、納得できようか。

4 後記

自慢ではないが、私はこの小史がこれまで誰にも気づかれなかった事柄を論じるという希少価値も持つものであるがゆえに、現代世界という新時代への価値ある贈物として、後代の人びとがいつまでもそのように受け入れ、かつ新たな時代ごとに読み返され、人びとの戒めの一篇と呼ばれるものになるだろうと自負している。ほかの人びとと同様に、私はわが記念碑（Exegi-Monumentum）を持たなければならないのである。

註

（1）または、もっと近時までこの愚鈍な振りを辿ってみると、ロシアに対抗するためイギリス・フランス艦隊の援護をスルタンに与えるため、ダーダネルスを強襲しようとスルト元帥にもちかけたパーマストン卿の提議（一八三〇年）に匹敵できるほどのものが外交史上はたしてあっただろうか。

第三章　イギリスのバルト貿易

限定された歴史的時期を理解するためには、われわれはその限界を越えて歩まねばならず、かつそれを他の歴史的諸時期と比較しなければならない。

政府と彼らの行動を判断するためには、それらをそれぞれの時代とその同時代人の意識によって測定しなければならない。一七世紀のイギリスの政治家が魔術を信じる振る舞いをしていたからといって、ベーコンですら鬼神学を科学に分類しているのを見いだすとしたら、誰も彼を非難しないだろう。他方、スタンホープ〔スタナップ〕、ウォルポール、タウンゼンドなどのような人びとが、自国で、彼らの同時代人から、ロシアの手先または共犯者として疑われ、反対され、かつ非難されるとしたら、それは彼らの政策を、彼らの時代共通の偏見や無知という、便利な遮蔽物の背後に隠すことはもはやできないだろうということである。それゆえにわれわれは、吟味すべき歴史的証言の冒頭に、まさにピョートル大帝の時代に印刷され、長く忘れられていたイギリスの小冊子を置くこととする。だが、われわれは、とりあえずこれらの証拠書類を、三つの異なった観点からスウェーデンに対するイギリスの行為を例証する三つの小冊子に限定する。第一は『北方の危機』（第二章）で、ロシアの全般的なシステムと、スウェーデンのロシア化がイギリスにもたらす危険を明らかにするものであり、第二は『防衛条約』と呼ばれる一七〇〇年の条約によってイギリスの諸行動を判断するものであり、第三は『真理は時宜を得た時にだけ真理である』と題し、ロシアをバルト海における至上の権力にまで増長させたイギリスの新しい外交スキームが、まる一世紀にわたり追求されてきたイギリスの伝統的外交政策にはっきりと対立するものであったことを立証するものである。『防衛条約』と呼ばれる小冊子には、発行日付がない。だが、その中の一節ではデンマーク艦隊を補強するためにイギリスの軍艦八隻を「一昨年」コペンハーゲンに残したと述べ、また別の一節では、スコーネ遠征のための同盟艦隊の集結が「昨年夏」に起きたと記している。前者は一七一五年に、後者は一七一六年夏の末に起きているので、小冊子が一七一七年の早い時期に書かれ発行されたことは明白である。イギリスとスウェーデンの防衛条約――その個々の条項について小冊子は「疑問点」の形で論評している――は、ウィリアム三世とカール十二世の間で一七〇〇年に締結され、一七一九年以前には満期にならない。しかし、この時期のほぼ全体を通じてイギリスは、ロシアを助け続けており、条約が失効もせず、戦争が布告されないまま、あるいは秘密の陰謀によって、あるいは公然たる兵力によって、スウェーデンに対する戦争にかまけていたことがわかる。この事実は、おそらく「沈黙の陰謀」ほど奇妙ではないだろう。現代の歴史家たちは、「沈黙の陰謀」によって、スウェーデン問題を隠し続けてきた。それらの歴史家たちの中には、当時のイギリス政府が、事前の宣戦もなしにシチリア海域でスペイン艦隊を壊滅させたことについての非難をけっして惜しまなかった者もいたのである。しかし、その当時、少なくともイギリスはスペインに対しては防衛条約によって縛られてはいなかった。では、われわれはこの類似したケースにおける、反対の措置をどう説明すべきであろうか。スペインに対しおこなわれた海賊行為は、一七一七年に内閣から離脱したホイッグの大臣たちが、そこにとどまった同僚たちを困らせるためにつかんだ武器の一つであった。後者が一七一八年にさらに歩を進めて、スペインに対する宣戦を議会に督促した時、ロバート・ウォルポール卿は、下院の席から立ち上がり、きわめて辛辣な演説の中で、前内閣の行為は「国際法に反し、厳粛な条約に対する違反」であると非難した。彼は、「提案されたやり方で、彼らに承認を与えることは、何かまずいことをしたと意識しているところの、スペインとの戦争を始めながら、今やそれを議会の戦争にしようとする、大臣たちを庇うほかにどんな目的も持たない」とも述べている。スウェーデンに対する裏切り、そしてロシアの計画への黙許は、ホイッグ支配者の間での内輪げんかに対し表向きの言い訳を与えるものではけっしてなく（彼らはそれらの点についてはむしろ一致しているので）、スペイン事件に対し惜しみなく注がれている歴史的批判に栄誉を添えるようなものでもけっしてない。

現代の歴史家たちが一般に、いかに公のペテン師たち自身から、その手がかりを手に入れたがっているかは、ロシアとスウェーデンそれぞれに関する、イギリスの商業上の利益をめぐる彼らの意見に最もよく示されている。ピョートル大帝と彼の直接的後継者たちによる、ロシアの巨大な市場によって大ブリテンに開かれた貿易の規模ぐらい誇張されたものはない。批判のかけらもない報告書が、一つの書架から別の書架へとはびこることが許され、ついには、後続の歴史家たちがみな、棚卸（beneficium inventarii）抜きで、相続すべき、歴史的家具調度類になるほどにまで至ったのである。

以下のいくつかの議論の余地のない統計数字は、これらの陳腐な決まり文句を消し去るには十分であろう。

一六九七〜一七〇〇年のイギリス貿易（単位：ポンド）

ロシアへの輸出	五八八八四
ロシアからの輸入	一一二二五二
計	一七一一三六
スウェーデンへの輸出	五七五五五
スウェーデンからの輸入	二一二〇九四
計	二六九六四九

同時期の

イギリスの輸出総額	三五二五九〇六
イギリスの輸入総額	三四八二五八六
計	七〇〇八四九二

バルト地方、フィンランド湾、ボスニア湾の全スウェーデン領がピョートル一世の手に落ちた後の一七一六年における

ロシアへの輸出	一一三一五四
ロシアからの輸入	一九七二七〇
計	三一〇四二四
スウェーデンへの輸出	二四一〇一
スウェーデンからの輸入	一三六九五九
計	一六一〇六〇

それと同時に、イギリスの輸出入総額は約一〇〇〇〇〇〇ポンドに達した。この数字を一六九七～一七〇〇年のそれと比較すれば、ロシアとの貿易の増加は、スウェーデンとの貿易の減少によって相殺され、一方に加えられたものは他方から引かれていることがわかる。

一七三〇年における

ロシアへの輸出	四六二七五
ロシアからの輸入	二五八八〇二
計	三〇五〇七七

その後、バルト地方におけるモスクワ側の入植地が固まるまでの一五年間に、イギリスのロシア貿

易は五三四七ポンド減少した。イギリスの総貿易額は一七三〇年に一六三二九〇〇一ポンドに達しているから、ロシア貿易は全体の五三分の一の額にもならない。さらに三〇年後の一七六〇年には、大ブリテンとロシアとの間の勘定は次のようになる。

ロシアからの輸入（一七六〇年）	五三六五〇四
ロシアへの輸出	三九七六一
計	五七六二六五

ところが、イギリスの総貿易額は二六三六一七六〇ポンドに達した。この〔ロシアとの〕数字を一七一六年のそれと比較すれば、ほぼ半世紀後のロシアとの貿易総額は、たった二六五八四一ポンドというわずかな金額だけ増加した。イギリスがピョートル一世とエカチェリーナ一世統治下のロシアとの新しい貿易関係によってはっきりとした損失を蒙ったことは、一方では、輸出入額の比較により、また他方では、カール十二世の生涯の間、彼のロシアへの抵抗を挫折させるために、かつ彼の死後、ロシアの海上侵略をチェックする必要があると称して、企図されたイギリス海軍のバルト海への頻繁な遠征に費やされた総額との比較によって、明白である。

一六九七、一七〇〇、一七一六、一七三〇、一七六〇の各年について与えられた統計データを一瞥すれば、イギリスのロシアへの輸出は、ロシアがバルト東岸とボスニア湾における全スウェーデン貿易を独占したものの、まだそれをロシアの規制に従がわせる機会を見いだせなかった一七一六年を除けば、減少し続けていることがわかるだろう。

ロシアがまだバルト海から締め出されていた一六九七〜一七〇〇年のイギリスのロシアへの輸出額五八八八四ポンドから、一七三〇年は四六二七五ポンドに落ち、一七六〇年には三九七六一ポンドに落ち、すなわち一九一二三ポンド減少し、一七〇〇年の元の額のほぼ三分の一減ったことを示している。次に、ロシアがスウェーデン領を吸収して以来、ロシアの原料に対するイギリス市場の拡大を示したが、ロシア市場は、一方では、イギリスの工業製品に対しては狭いことを証明した。貿易におけるこのような特色は、貿易収支学説が支配的であった時代においては、あまり勧められないものである。エカチェリーナ二世の治世下におけるイギリス・ロシア貿易の増大をもたらしたところの事情を探ることは、われわれの考察している時代からあまりにもわれわれを遠くに導いていくことになる。

全体として、われわれは次の結論に達する。一八世紀のはじめの六〇年間、イギリス・ロシア貿易の総額はイギリスの貿易総額のほんの一部分、つまり四五分の一以下であった。ピョートルの、バルト海支配の最初の数年における、その突然の増加は、全く、イギリスの貿易収支総額に影響を与えることはなかった。それはスウェーデン勘定からロシア勘定への単純な移し換えでしかなかったからである。ピョートル一世の後期およびその直接の後継者エカチェリーナ一世とアンナの治世下では、イギリス・ロシア貿易は明らかに減少した。ロシアのバルト諸州への最終的な入植以後の全期間において、イギリス工業製品のロシアへの輸出は減少し続けたので、最後には貿易がまだアルハンゲリスク港に限られていた初期より三分の一ほど低くなった。ピョートル一世の同時代人も、イギリスの次世代人も、ロシアのバルト進出から少しの利益も受けなかった。イギリスのバルト貿易は一般的に、関与した資本について言えば、当時微々たるものであったが、その性格に関しては重要であった。それはイギリスに海軍の軍需用原料を供給した。後者の見地からは、バルト地方は、ロシアの手にあるよりもスウェーデンの手中にある方が安全だということは、われわれが復刊している小冊子によって証明されるばかりでなく、イギリスの閣僚たち自身によっても十分理解されていた。スタンホープは、たとえば、一七一六年一〇月一六日、タウンゼンド宛てに次のように書いている。

「もしツァーリを三年間、そのまま放っておくならば、彼がこれらの海域の絶対的な主人になることは間違いない(1)」。

たとえイギリスの海運であろうと一般通商であろうと、スウェーデンに対峙して、心に悖るような支持をロシアに与えたいとは誰も思っていないのに、ロシアとその利害を同じくするイギリス商人の小さな一派――ロシア貿易会社――が、たしかに存在した。スウェーデンに対しわめきたてていたのは、この輩であった。たとえば、次を見よ。

「スウェーデン国王の領土内への貿易におけるイギリス商人のいくつもの苦情、それによれば、ロシア皇帝の領土から海軍軍需品が十分に供給されるのに、その補給をスウェーデンのみに頼ることがイギリスにとっていかに危険であるのか、と」。

「ロシアと貿易する商人たちの申し立て」〔国会への請願〕、など。

一七一四、一七一五、一七一六の各年に、スウェーデンに対するイギリス商人の不満を公開の集会でまとめ上げるために、議会開会の前に週二度、定期的に集結したのは、彼らである。この小さな一派を閣僚たちは頼りにしていた。一七一六年一一月四日と一二月四日付のギレンボリ伯爵からゲルッ男爵宛ての書簡から見えるように、彼らは、彼らがしたように、ギレンボリがそう呼んでいたところの「お雇い議会」を、好きなところへと駆り立てるべく、ごくわずかな口実を求めつつ、この示威行動を組織することに大わらわであった。ロシア貿易をおこなうこのイギリス商人たちの影響力は一七六五年、再び誇示された。われわれの時代においても、ロシア商人が貿易部門の長となり、かつアルハンゲリスク貿易に従事する従兄弟の利益のためにわが蔵相が活動しているのを目撃する。

名誉革命ののち、イギリス人民大衆の犠牲のもとで富と権力を簒奪した寡頭支配層は、当然にも、国外でも国内でも、同盟者を探し求めざるを得なかった。後者〔国内の同盟者〕については、彼らはフランス人が上層ブルジョアジーと呼ぶであろう人びとのうちに、それを見つけた。それは、イングランド銀行、金貸し、国家債権者、東インド会社とその他の貿易会社、大工業家などによって代表される。彼らがいかに慎重にその階級の物質的利益をやり遂げたのかは、銀行条例、保護貿易条例、貧民法制等々の、その国内立法全体から知り得よう。対外政策については、彼らは少なくとも、商業的利害によってすべて統制されているという外観を与えようと欲していた。この階級のあれこれの一派による独占的利益が、あれこれの政府法案といつも容易に同一視されるので、この外観はそれだけ容易に作り出された。そこで利害を持つ一派が、商業や海運について声を張り上げ、その声に国民はおろかにも付和するのである。

あの当時、少なくとも、対外政策の手段のために、たとえ無駄であっても、重商主義的口実をひねり出す重責が内閣にかかっていた。われわれの時代では、イギリスの閣僚は、この重荷を外国の国民に負わせ、自分たちの行動の秘密の隠された重商主義的起源を発見する面倒な仕事は、フランス人、ドイツ人などに任せている。たとえば、パーマストン卿は、大ブリテンの物質的利益に対し、あきらかに、最も有害な措置を講じている。するとたちまち、「不実のアルビオン」(perfide Albion)〔以前のフランス人によるイギリス非難の表現〕の重商主義的マキアヴェリズムの秘密を探り出そうとその頭を悩ます国家学者が、大西洋やドーバー海峡の対岸や、ドイツの中心に出現する。パーマストンが、その無節操で断固とした実行者と考えられているからである。ついでながら、われわれは、〔これが〕イギリスの通商政策であると彼らが想像しているものによって、パーマストンの行動をどうにかして解釈しなければならぬと感じている、これらの外国人たちが、どんな苦し紛れな小細工に駆り立てられているかを、二、三最近の例をもって示したい。エリアス・ルニョー氏は、その価値ある著作『ドナウ諸公国の政治と社会の歴史』において、ブカレスト駐在イギリス領事コフーン氏の一八四八〜四九年の在任期間とそれ以前における、ロシアの行動に驚いて、イギリスにはそれらの諸公国の商業を抑えるなにか秘密の物質的利害があるのだろうと疑っている。老ミロシュの私的な医師であった故クニベルト博士は、セルビアにおけるロシアの陰謀に関する最も興味深い記述の中で、パーマストン卿がホッジス大佐を使って、ロシアに対抗し支援する振りをしてミロシュをロシアに売ったやり方についてて、ある奇妙な物語を寄せている。ホッジスの人格的誠実さとパーマストンの愛国の情を完全に信じるクニベルト博士は、エリアス・ルニョー氏よりもさらに一歩進んでいることがわかる。彼はイギリスが概してトルコ商業を抑えることに関心があると考えている。ミエロスワフスキ将軍は、ポーランドに関する最近の著書において、重商主義的マキアヴェリズムがイギリスを駆り立て、カルスの引き渡し〔東アルメニアの都市。クリミア戦争中にイギリスがロシアに引き渡した〕により、小アジアにおけるその威信を犠牲に供したと、ほのめかしているかに見える。最後の実例としては、パーマストンをスエズ地峡の開鑿に反対する気にさせた、商業上の嫉妬心の、秘密の起源（秘密ネタ）を嗅ぎまわるパリの新聞の苦心の労作を挙げ得るだろう。

本題に戻る。タウゼンドやスタンホープなどが、スウェーデンに対する敵対的示威運動を行使するために思いついた重商主義的口実とは、次のようなものである。一七一三年末頃、ピョートル一世は、彼の領土内の、すべての輸出向けの麻およびその他の生産物を、アルハンゲリスクではなくサンクトペテルブルクに運ぶことを命じた。その後すぐ、カール十二世不在時における摂政政府および〔一七〇九年にポルタヴァで敗れ、逃れ込んだトルコ領〕ベンデルから戻ったカール十二世は、ロシアによって占領されたすべてのバルト海諸港を封鎖すると宣言した。その結果、封鎖を突破したイギリス船は、没収されてしまった。当時、イギリス内閣は、一七〇〇年の防衛条約十七条により、イギリスの商人がこれらの諸港と貿易する権利を有すると主張した。同条約によれば、戦時の輸出入禁止品を除けば、イギリスは敵の諸港と通商を続けることは許される、としている。この口実の馬鹿馬鹿しさと欺瞞は、われわれが復刊した小冊子において十分に暴露されているので、われわれはただ、この審判がイギリスのようにはスウェーデン帝国の保全を守ることを条約によって義務づけられていない商業国家に対して、一度ならず裁決されたことを述べるにとどめる。ロシアが一五六一年、エストニアの海港ナルヴァを占領し、そこに彼らの通商を確立しようと懸命に努めた折、ハンザ諸都市、主にリューベックは、この貿易を保とうと試みた。当時のスウェーデン国王エリク十四世は、彼らの要求に抵抗した。リューベック市は、覚えがないほどの大昔よりロシアとの通商をおこなってきたので、この抵抗を全く新規であるといいなし、かつバルト海への航行は、彼らの船が戦時輸出入禁止品を積載しない限り、諸国民共通の権利だと申し立てた。国王は、ハンザ諸都市のロシア貿易の自由については議論しない、ただロシアの港ではないナルヴァについて語っているのだ、と答えた。一五七九年、再びロシアがスウェーデンとの軍事休戦を破るや、デンマークも同じく、彼らの条約により、ナルヴァへの航行を要求した。だが、王ヨハンは断固として、彼の兄エリク王のように、デンマークの要求とは反対のことを固持した。

そのスウェーデン王に対する敵意の公然たる示威において、かつまた彼らがそれに基づいているところの偽りの口実において、イギリスはただ、自国船の没収を海賊行為だと宣告しているオランダの跡を追っているだけであり、一七一四年にはスウェーデンに反対する二つの宣言を発表している。

ある点において、オランダ政府の場合は、イギリスのそれと同じであった。ウィリアム王はイギリスのためにも、またオランダのためにも、防衛条約を結んだのである。そのうえ、一七〇三年にオランダとスウェーデンの間で締結された通商条約第十六条は、同盟国のいずれかによって封鎖された港へは航行できないとはっきり規定している。当時のオランダ人共通の決まり文句「貿易業者が自分の商品を彼の望むところに運ぶのを邪魔するものはない」は、よりいっそう厚かましいものであった。というのも、一六九七年のレイスウェイク講和で終わりを告げるフランスとのプファルツ継承戦争の間、当のオランダ共和国は、全フランスが封鎖され、中立国のフランス王国との全貿易は禁止され、フランスへであろうと、フランスからであろうと、すべての船籍は、その積み荷の性質に関係なく停止されるべきであることを宣言していたからである。

別の観点において、オランダの状況はイギリスのそれと異なっていた。その商業と海上の偉大さを失い、オランダは当時すでに衰退の時代に入っていた。ジェノヴァやヴェネツィアのように、商業の新しい道が彼らからその重商主義的覇権を取り上げた時、自己の通商の器には大きくなり過ぎた資本を、他の国民に貸し出さざるをえなくなった。資本の祖国は、資本に対し最上の利子を支払うところにとどまり始めた。それゆえロシアは、商業に対してよりも、その資本と人の投下にとって巨大な市場であることを証明した。これまでずっと、オランダはロシアの銀行家であった。ピョートルの時代、彼らはロシアに船、士官、武器、貨幣を供給し、したがってその艦隊は、同時代の著述家が述べているように、モスクワ国家のというよりはむしろ、オランダの艦隊と呼ばれるべきものであった。彼らは、サンクトペテルブルクに最初のヨーロッパ商船を送ったことを誇り、ピョートルから得た、あるいは得ようとする通商特権に対して、日本との交渉を特徴づけているあの卑しきへつらいをもってこたえた。そこに、政治家たちの親ロシア路線にとって、オランダにおいてはイギリスにおいてとは全く別の堅固な基盤がある。ピョートル一世は一六九七年、彼のアムステルダムとハーグ滞在中、それらの政治家たちをたらしこみ、その後は自らの大使たちを使って彼らを指導し、一七一六〜一七年、アムステルダム再訪の間、彼らへの個人的な影響を新たなものにした。さらに、一八世紀の最初の十年間、イギリスがオランダに及ぼした圧倒的な影響を考慮に入れるならば、イギリスの事前の同意と煽動がなければ、スウェーデンに対するオランダ政府の宣言がけっして発表されなかったであろうことは疑いない。イギリス政府とオランダ政府の間の親密な関係は、イギリスがオランダの名において、一度ならず、先例をつくるのに役立った。オランダはイギリスの名において行動しようと決意していたのである。他方では、イギリスの政治家に影響を与えるために、オランダの政治家たちがツァーリによって雇われていたことも、同じく確かである。たとえば、「腐敗の父」の兄にして、大臣タウンゼンドの義兄弟であり、一七一五〜一六年、ハーグ駐在イギリス大使であったホレス・ウォルポールは、明らかに彼のオランダの友人によってロシア側に誘い込まれている。かくして、われわれはまもなく見ることになるのだが、カール十二世とピョートル一世との間の死闘の最も危急な時期における駐コンスタンティノープル、オランダ大使館書記官タイルスは、同時にオスマン宮廷駐在のイギリス大使館とオランダ大使館の任務をこなしている。このタイルスは、彼の印刷物の中で、ロシアの陰謀の、忠実な、報酬を受けたエージェントであったことは、自国民への功績であると公然と主張している。

註

（1）デンマークとブランデンブルクの宮廷が、モスクワ国家にスウェーデンを襲わせようと企てていた一六五七年、両宮廷はその大臣に、ツァーリがどんなことがあってもバルト地方に足場を持つことのないよう事を運ぶように指令した。というのも、「こんな隣人との厄介ごとを、どんなふうに処理してよいかわからない」からである（プーフェンドルフの『ブランデンブルク史』を見よ）。

第四章　資料と批判　イギリスとスウェーデンの防衛条約

一七〇〇年に故ウィリアム国王陛下とカール十二世、現スウェーデン陛下の間に結ばれた防衛条約。上下両院議員数名による熱心なる要望に応じて発表

「講和条約を破るなかれ、王国への忠誠を選ぶなかれ」
〔シリウス・イタリクス〕

第一条
スウェーデン国王とイギリス国王の間に、「真摯かつ不変の友好、すなわち同盟と和親を確立し、相互または単独で相手王国、領土、植民地、いずこにあるを問わずその臣民を害することなく、また他者によって害されることを甘受または同意することをなからしめるものとする」など。

第二条
「さらに、同盟者の双方、その相続者および継承者は、できる限り相手方の利益と名誉に配慮しつつ、これを増進し、切迫する危険、彼に対して企てられる陰謀と敵対的計画のすべてを探り出し（自らこれを認知するや否や）相手同盟者に通報し、助言と助力の双方によってこれを防止する義務を負う。したがって、相手方の国土、または陸上と海上を問わず、いかなる領土、いずこにある領土にも、不利または損失となるいかなることも、自らにせよ、他のいかなるものによるにせよ、行為し、処理し、または努力することは、同盟者のいずれにとっても適法たり得ないものとする。また、反逆者たると敵国たるとを問わず相手方の敵対者にけっしてその同盟者の不利となるような、支持を与えてはならない」など。

疑問点その一

以上の強調点を付けた言葉は、わが艦隊がスウェーデンの敵と共同行動をとり、ツァーリがわが艦隊を指揮し、わが提督が緊急軍事会議に入り、そのあらゆる計画の機密に参画している今、それだけでなく、わがコペンハーゲン駐在公使とともに（デンマーク国王が公式声明の中で自ら認めているように）、北方の連合諸国をわが同盟国スウェーデンをとりまく破壊的な計画——私がここでいうのは昨年夏のスコーネ急襲計画のことであるが——へと押しやっている今、われわれの現在の行動とどのように合致できるのであろうか。

疑問点その二

同盟国の一方が、相手方の国土と領土の損失となるいかなることも、自らにせよ、また他のいかなるものによるにせよ、行為し、処理し、努力してはならないと規定している第一条〔第二条〕の一節を、われわれはどのように説明しなければならないのであろうか。とくに一七一五年、輸送と貿易の保護といういつもの口実——その頃には無事に帰国しているにもかかわらず——を、もはや認めることができないほどすっかり季節が過ぎてしまってから、八隻の軍艦をバルト海に残し、デンマークと同じ戦列に加われとの命令を下したのをどう弁明するというのか。これによって、われわれはスウェーデン艦隊がシュトラルズント救援に行くことができないほどにデンマーク軍を数的に優越させ、またそれによって、われわれが主となってスウェーデンのドイツ内領土を全く失わせ、スウェーデン陛下自ら、このシュトラルズントを放棄する以前に海を渡るほどの極度の危険を引き起こしたのである。

第三条

特別の防衛条約により、スウェーデン国王とイギリス国王は、相互に以下の義務を負う。すなわち、「その王国、領土、地方、州、臣民、属領、ならびに北海、ドゥカレドニア海〔スコットランドとアイスランドの間の海域〕、西海、また一般に海峡と呼ばれるイギリス海、バルト海、スンド海における航行通商の権利と自由、ならびに条約、協定、一般に認められた慣行、国際法、世襲権の効力に基づき彼らに属する特権と特典を、海上と陸上からするいかなる攻撃者と侵入者に対しても、緊密な同盟により防衛」する義務を負う、など。

疑問点
必要やむを得ざる場合または破滅の恐れのある場合に、自己の保全のため最も必要と判断するあらゆる手段を行使することは、国際法によれば、すべての国王または人民の反論の余地のない権利と特権である。そのうえ、この数百年の間、最も恐るべき敵たるモスクワ国家との戦争の際、バルト地方におけるすべての対ロシア貿易を阻止することは、スウェーデン人の不断の特権であり慣行であり、また本条ではとりわけ、一方の同盟者が一般に認められた慣行と国際法に基づき、他方に属する特権を防衛すべきであることも規定されているのであるから、スウェーデン国王が、ますますこの特権の行使を必要とする今日、われわれはどうしてこの特権に反論するだけでなく、これを公然たる敵対行動の口実とすることになったのだろうか。

第四、第五、第六および第七条は、イギリスとスウェーデンが、両国のうちのいずれかの領土が侵入を受けるか、または第三条に挙げた諸海洋中の一つで航行を「干渉または阻害」を受ける場合、相手方に派遣することとなっている補助部隊の兵力に対して定めている。スウェーデン領のドイツ内領地への侵入は、はっきりと同盟義務発効条項として含まれている。

第八条
攻撃を受けていない同盟者は、まず平和的調停者の役割としての行動が、調停が失敗に終わった際には、「上述の兵力は直ちに派遣されるべく、被害者がすべての点において満足させられるまでは同盟者はそれを中止することができない」と規定している。

第九条

規定された「援助」を必要とする同盟者は「上述の軍隊の全部かまたは若干か、兵、船舶、軍需品かまたは貨幣かを選択すべきである」。

第十条

船舶と軍隊は、「それを請求した者の指揮」下に服務する。

第十一条

「ただし、上述の兵力が危険に釣り合わない事態が生ずる場合、たとえば攻撃者がおそらくその若干の同盟者の兵力によって援助されることが推定される場合は、同盟者の一方は、事前の要請があれば、安全かつ適時に調達し得る海陸双方の兵力を増加して、被害者たる他方を援助する義務を負う……」

第十二条

「いずれの同盟者とその臣民も、その軍艦を相手方の港に引き入れて避寒できるものとする」。

この点に関する個別の交渉は、ストックホルムでおこなうこととするが、「さしあたっては、一六六一年にロンドンで締結された条約中の航行と通商に関する条項は、ここに逐語的に挿入されたに等しいものとして、完全な効力を持つものとする」。

第十三条

「……同盟者のいずれの臣民も……海上であれ陸上であれ、彼ら（同盟者のいずれかの敵）に水兵または陸兵として服務することを得ない。したがって、それは厳罰をもって禁止される」。

第十四条

「同盟国国王のいずれかが、共同の敵と交戦するか、または……自己の王国内または領土内で……他の隣接する国王に脅かされ……その妨害に対して、援助を請求する者が、本条約の定めるところにより援助を送るように義務づけられる場合は、この脅かされた同盟者は約束された兵力を送る義務を負わないものとする」。

疑問点その一

われわれはたしかにスウェーデン王がすべての敵から最も不当な攻撃を受けているとは考えていないのではないか。したがって、われわれはこれらの条項で定められた援助を彼に与える義務があると自覚していないのではないか。彼はわれわれにそれを要求していないのであろうか。なぜこれまでそれを拒絶してきたのだろうか。

疑問点その二

これらの条項は、大ブリテンとスウェーデンがどのようなやり方で互いに助け合うべきかを、きわめて明白な言葉で述べているが、同盟国の一方が、その援助を求めている相手に対し、条約に述べられていない援助方法を指定することができるのであろうか。相手同盟国がそれを受け入れることが自己の利益に合致するとは考えず、なお条約の履行を迫る場合、彼はそれゆえに、定められた援助を差し控えるだけでなく、その同盟者に敵意をもって遇し、彼の敵と結ぶ口実を見いだすことができるであろうか。常識でさえわれわれにそれが弁明できないと告げているが、実際にそうであるならば、スウェーデン王が同盟の文字どおりの履行をわれわれに要求し、彼のドイツ内領地に対するいかなる中立条約を受け入れないからといって、われわれが今のようなやり方で彼に遇することの理由の一つは、有効であり得るのだろうか。この条約は数年前にわれわれが建議したもので、スウェーデンの敵に有利となる不公平さは問わないとしても、それはわれわれの利益だけのために考えられたものであり、われわれがフランスと戦争する間だけ帝国内のあらゆる騒乱を予防しようとするものだったのである。それだけになおさら、全員が今次の戦争を始めてそれぞれの条約を破った当の敵たちを相手に条約を結び、破られた条約の保証人でもあったのに保証義務を遂行しなかったすべての国に対して、スウェーデン国王がこの条約の保証に当たらせるだろうと信ずべき理由はほとんどないのである。

疑問点その三

第七条〔第八条の誤植の可能性がある〕の「被害者たる同盟者を援助するに当たり、被害者がすべての点において満足させられるまでは同盟者はそれを中止することができない」という記述は、逆にすべての不当な攻撃者が彼から一つ二つと領土を取るだけでなく、スウェーデン国王がおとなしくこれに屈服しないとたえず責め立てて、取った領土では妨げられることのない所有者のままでいるのに、この君主の敵たちを助けるというわれわれの努力といかにして合致するのであろうか。

疑問点その四

大ブリテンとスウェーデンの間で一六六一年に結ばれた条約の第十一条では、同盟国の一方が、それ自らか、またはその臣民かが相手方の敵に軍艦または防衛船を貸与、または売却することをはっきりと禁止しており、現条約第十三条は同盟国のどちらかの臣民が、相手方の敵をこのような同盟者の不都合または損失となるようないかなるやり方でも援助することもはっきりと禁止している。したがって、スウェーデンが最近のわが国とフランスとの戦争中に、われわれに対するフランス側の計画をよりよく遂行するため、これに自国の艦隊を貸与したからといって、またわが方の反対の抗議にもかかわらず、彼らの臣民が、五〇門、六〇門、七〇門の砲を搭載する船をフランスに供給したからといって、われわれはスウェーデンの本条約の明々白々の違反を責めるべきでなかったであろう。ところで、彼我の立場を代えて、最近、わが艦隊が最も危急の場合ですら、スウェーデンの敵の計画に全く追従したか、またはモスクワ国家のツァーリが現実にイギリス建造の一ダース以上の船をその艦隊に持っていることを思い起こすなら、他人のやったことならわれわれが責めることができるはずのことであっても、われわれ自身の行為について弁解するのは大して困難なことではない。

第十七条

その義務は同盟者（援助を求める者）の敵との友好と相互通商のすべてが除去されるほどまで拡張されてはならない。なぜなら、同盟者の一方がその補助部隊を送り、しかも戦争そのものに加わらないと仮定すると、その臣民が戦争に加わっている同盟者の敵と貿易し、またこの敵と特別の通商条約で今後指定されるような禁制品と呼ばれていないすべての貨物を直接また安全に交易するのは適法だからである。

疑問点その一

本条文は二十一条のうち、われわれがスウェーデン人にその履行を強要する必要のある唯一の箇条である。問題は、われわれが果たすべきほかのすべての箇条をスウェーデンに対して履行しているか、または本条の実行をスウェーデン国王に要求するに当たり、われわれもまた残りの全箇条につきわれわれの義務を果たすと約束したかどうかということである。もしそうでなければ、スウェーデン人は、われわれ自身がおそらく最も重要な点を実行しないか、それどころか条約全体に反する行動を取っている点で罪があるとされるのに、わずかに一箇条を破っているのを、不当に文句を言うものだと主張しないであろうか。

疑問点その二

同盟者の一方が、本条文に基づき、相手方の敵と通商する自由に対して、時間的かつ空間的になんらかの制約を加えるべきでないのかどうか、要するに、相互の王国の安全と保障を促進するというこの条約の目的そのものを無効にするまでこれを拡大してよいものかどうか。

疑問点その三

フランス人が最近の戦争でアイルランドかスコットランドを占拠し、新たに設けた港か、古くからの港で、貿易により新しい獲物をいっそう強固に固めようと努力したとしよう。こうした場合に、スウェーデン人が本条文に基づき、われわれから奪った上記の港でフランス人と貿易し、いくたの戦争必需品、さらに軍艦までもこれに供給する権利があると主張し、それによってフランス人がわれわれをイギリス国内でこれまでよりも容易に悩ますとしたら、われわれはスウェーデン人を真の同盟者であり友人であると考えることができるであろうか。

疑問点その四

われわれが自己にとってきわめて不利な貿易を阻止することに着手し、そのために上記の港に向かっているすべてのスウェーデン船を拿捕するとしよう。それを口実にスウェーデン人が自己の艦隊をフランス軍に合流させ、わが領土のどこかを失わせ、それどころかわが国への侵入を促進し、侵入を容易にしようと彼らの艦隊を準備するとしたら、われわれは声を大にしてスウェーデンを責められないのではなかろうか。

疑問点その五

公平に検討してみれば、それはツァーリがスウェーデンから奪った港への自由貿易や、それを阻止しようとするスウェーデン王に対するわれわれの行動について、われわれが現に主張していることにまさしく対応するケースであったのではなかろうか。

疑問点その六

われわれはオリヴァー・クロムウェルの時代から一七一〇年まで、わが国とフランス、およびオランダとのすべての戦争で、われわれはなんら緊急の必要もなく、禁制の港に向かっているわけでもないスウェーデンの船を掌捕し没収してきたのではなかったのか。しかも、その船はスウェーデンがこれまでわれわれから奪ったよりも、数の上でも価値の上でもはるかに大きかったのである。また、スウェーデン人はそれを口実に、われわれの敵と合流し、それを助けるために一大艦隊を送ったのであろうか。

疑問点その七

これまで長年の間続けられてきた通商の状態を詳細に調べてみると、われわれは上述の地域の貿易が、われわれにとってそれほど必要ではなく、少なくとも新教同盟国の維持に釣り合うほどではなかったことがわかるのではなかろうか。それはなおさら、あの国民に対して宣戦布告こそしないが、すべての敵の連合した努力よりも大きな損害を与える戦争を起こす正当な理由を与えるものではない。

疑問点その八

この貿易が以前よりわれわれにとってやや必要になったのが、二年前のことであったとしても、それはツァーリがわれわれをアルハンゲリスクへの旧来の貿易路から締め出し、ペテルブルクに向かわせ、われわれがこれに同意したことによって引き起こされたとは容易に立証できないであろう。そこで、その点でわれわれがこうむった迷惑はすべて、ツァーリの責任とすべきであり、スウェーデン王の責任ではない。

疑問点その九

ツァーリは一七一五年のはじめに、われわれに旧来のアルハンゲリスク貿易を許したのではないか。またわれわれの大臣たちはツァーリの決意の変更によって以前に比べ不必要となったペテルブルク貿易を保護するために、同年にわが艦隊が派遣されるまでかなりの間、通知を受けなかったのではないか。

疑問点その十

スウェーデン王が自国にとって破滅的であると見なしたペテルブルク貿易などをわれわれが差し控えるならば、彼はバルト海にせよ、その他のどこにせよ、われわれの貿易をけっして侵害するものではないが、われわれが友好のささやかな証拠を彼に示さない場合には、罪なき者が罪ある者とともに苦しむことになると申し開きができるはずではないのか。

疑問点その十一

われわれがスウェーデン国王に禁止されている港での貿易、しかもわれわれがバルト地方で営む貿易の十分の一にもならないものに固執することによって、この期間にわれわれの貿易に伴うすべての危険とはわれわれ自身が招いたものではなかったのか。また貿易を保護するための艦隊の装備に要する巨額の費用ももとはといえばわれわれ自身にその原因があり、われわれがスウェーデンの敵に加担することによって、スウェーデン陛下の憤慨を十分に裏づけることになったのではないか。これまで彼は、われわれの船と積荷を彼の王国の内外を問わず発見したことで、無差別に拿捕しかつ没収するまでに至ったことは一度もなかったのである。

疑問点その十二

われわれが北方諸港一般とわが国の貿易をそれほど気遣うのなら、むしろ近づくスウェーデンの破滅と、ツァーリがバルト海とそこで必要とするすべての海軍軍需品の全一的支配者になることによって、この貿易に伴う危険を政治的に考慮すべきではないだろうか。どこでスウェーデン軍に出会ってもこれを攻撃せよという命令を受けて二〇隻の軍艦をバルト海に送るもととなったわずか六万ポンド余よりも（ついでにいえば、そのうち三分の二はおそらく怪しいものであろう）、ツァーリとの貿易でより大きな苦難と損失をもわれわれは被ったのではないだろうか。しかも、この当の本人であるツァーリ、すなわち、きわめて野心的で危険なこの君主は昨年夏、わが国の軍艦が最も大きな部分を占める全連合艦隊を指揮したのではなかったのか。外国君主にわが国民の堡塁であるイギリス艦隊の指揮を委ねたのは、そもそもこれが最初の例であった。そして、のちにこの軍艦がシェラン島から帰還するツアーリの輸送船と塔乗兵員をスウェーデン艦隊から守って護送したのではなかったのか。そうでもなければ、スウェーデン艦隊に輸送船の大破滅を喫するところであったはずである。

疑問点その十三

さて、次に以上の事柄とは逆に、わが商人がツァーリから虐待を受けたという数多くの苦情を踏まえて、この君主に対するわれわれの憤激を示し、われわれに対してさえ抱いている彼の大きな有害な計画を阻止し、本条約に準拠してスウェーデン人を援助し、北方における平和を有効に回復するために、わが艦隊を派遣したと仮定しよう。そのことは、より多くわれわれの利益となるだけでなく、より必要であり、名誉であり、正義であり、われわれの条約にいっそう合致するのではなかろうか。われわれの北方遠征のため国民が負担する十万ポンド有余は、それによっていっそう望ましく運用されるのではなかろうか。

疑問点その十四

わが貿易をスウェーデン人に対して維持し確保することが、北方問題に関するわが方の唯一現実の方策であるとしたら、われわれが一昨年、バルト地域とコペンハーゲンにもはやそこには保護すべき貿易がないのに八隻の軍艦を残したのはいったいなぜなのか。また昨年夏、ノリス提督とオランダの軍艦が合計二六隻に達し、したがってその護衛下の貿易に対してスウェーデン人が何かを企むにしては強大すぎるほどの力を擁しながら、しかもスンド海域に二カ月以上、最良の季節の間に停泊し、わが国とオランダの商船がそれぞれの港に向かうのを護衛もせず、これにより商船はいつまでもバルト地域に引き止められ、そのため帰航がきわめて危険なものとなり、商船とわが国の軍艦の双方にとって実際に危険が立証されるに至ったのはなぜなのであろうか。世界はスウェーデン国王に不名誉かつ不利な講和――これによるとブレーメン、フェルデンの両公国はハノーヴァー領に加えられることになる――を強要しようという希望や、あるいはまた大ブリテンの古来からの真の利益に反しないまでも、それとは無縁ななにかと同じような意図があり、それらのものがこれらすべての処置に対して、わが貿易への見せかけの配慮よりも大きな影響を及ぼしたと考えがちなのではなかろうか。

第十八条

「バルト海における航行と通商の自由の保全にとり好都合と見られるので、スウェーデン国王とオランダ国王の間に堅固で厳正なる友好が保たれるべきであった。しかるに実際は、スウェーデンとデンマークの両国の前国王は、一六六〇年五月二七日、コペンハーゲン野営地でつくられた公的な平和協定と、双方で交換した合意書の批准とによって、同協定に含まれるすべての条項を神聖不可侵のものとして遵守することを互いに義務づけただけでなく、イギリスとスウェーデンの間で一六六五年に条約が結ばれる直前に、大ブリテン国王チャールズ二世は、同条約の条項の……すべてを誠実に守るであろうと声明し……そのうえでチャールズ二世は、上記のスウェーデン国王とデンマーク国王の両者の是認と同意を得て、一六六五年二月一日付でイギリスとスウェーデンの間に結ばれた条約ののち、すなわち一六六五年一〇月九日、同協定の保証を引き受けたのである……それに対して……スウェーデン国王とデンマーク国王……の間の講和文書が、その後しばらくして、一六七九年、スコーネのルンデンで結ばれるに至った。それは、ロスキレ、コペンハーゲン、ヴェストファーレンで結ばれた各条約の早急な処理、反覆、確認を含んでいる。それゆえ……大ブリテン国王は本条約に拘束されており……スウェーデン国王とデンマーク国王のいずれかが、協定の全部またはこれに含まれる一箇条または数箇条の違反に同意した際、したがって、いずれかの国王が他者の個人、州、地域、島嶼、物貨、領地および権利——これらの権利は、数次にわたり更新され、一六六〇年五月二七日、コペンハーゲン野営地で結ばれた協定、スコーネのルンデンの講和……において一六七九年に結ばれた協定の規定によって、すべての関与者に帰属し、協定の字句に含まれるものである――を侵すとき、またいずれかが自らまたは他者を通じて、想定または秘密の計画・企図により、あるいは公然たる干渉ないし何らかの加害、また武力による何らかの暴行によって、何事かを企てるに及ぶ際は、大ブリテン国王はここで……まず第一に、その介入により、しばしば言及された諸協定とこれに含まれるすべての条文を不可侵なものとして保持し、したがって両国王の間の平和を維持することを目指す友人および同盟君主としてのすべての任務を履行すべきである。そののちに、すべての協定とそれに含まれる条項に反して侵害、干渉、または加害を最初に始めた国王が警告を受けてもなおこれを拒否する際には……大ブリテン国王は……被害者を助けるべきであるが、それは大ブリテン国王とスウェーデン国王との間の現行条約により、こうしたケースのために規定され、また同意されているのである」。

疑問点

この箇条は、スウェーデン国王とデンマーク国王との間に不和が生じた際、双方の君主に一六六〇年から七〇年までに彼らの間で結ばれたすべての条約を遵守させることによって、また両者のうちの一方が上述の諸条約に敵対的な形で反対する際には、侵略者に対して他方を援助することによって、わがバルト海貿易が被るかもしれない混乱をどのようにして除去すればよいかをはっきりと物語るものなのではなかろうか。そうであるならば、われわれを大被害者たらしめる害悪に対するこれほど正当な救済策を、われわれが利用しないのはどうしたことなのか。いかに不公平な人でも、デンマーク国王がトラヴェンタール講和からザクセンを離れ、モスクワ国家に反対するまでは、表面上はスウェーデン国王の誠実な友人であったものが、そのすぐあとにポルタヴァの宿命的戦闘〔大北方戦争の決定的な転換点。ロシアに大敗したカールはオスマン帝国へ逃れた〕を卑劣にも利用して、不当にもスウェーデン国王に襲いかかったことを否定できるだろうか。それなら、すべての条約の違反者であるデンマーク国王は、わが貿易がバルト海で被っている混乱の真の元凶なのではなかろうか。いったいどうしてわれわれは、この条文にしたがい、デンマークに反対してスウェーデンを助けないのか。そしてなぜ、その逆に被害者のスウェーデン国王に反対の声明を出し、彼が敵よりもほんの少し優勢であることに対して――昨年夏に彼がノルウェーに入った際にしたように――威嚇的かつ脅迫的な覚え書を送り、わが艦隊にデンマーク軍と共同して公然と彼に対して反対行動をとるよう命令さえするのであろうか。

第十九条

「上述の大ブリテン国王とスウェーデン国王の間に、将来にわたり、新教、福音の教え、改革教会のための防衛と保全のためにより緊密な連合と同盟」をつくるべきである。

疑問点その一

われわれはなぜ、この条文にしたがってスウェーデンと一体となって新教を主張し、保護し、保全できるのか。われわれは、つねにこの宗教の保塁であった国民が、このうえなく無慈悲に粉砕されるのを許すことにならないのか……われわれ自身がその破壊に手を貸すことにならないのだろうか。なぜこんなことをするのかといえば、それはわが国の商人がおよそ六万ポンドの額の船を失ったからである。われわれが一七一五年、わが国の艦隊を二〇万ポンドの費用をかけてバルト海に派遣したことの表面上の理由とは、この損失のためであって、それ以外の何ものでもない。それ以来、わが商人たちが受けた損害について、あの脅迫的な覚え書とスウェーデン国王に対する公然たる敵対行為のせいにしてよいと考えるが、それにしてもあの君主の憤激がきわめて穏やかであったことをわれわれは認めなければならないのではないか。

疑問点その二

その他の君主たち、とりわけ同じ新教の君主たちは、新教のほんの一部の利益を確保するために――ここで私がいっているのは新教派の王位継承〔名誉革命後の事態〕のことであるが――数百万の人命と貨幣を費やすわれわれの熱意を信じてもらうための努力を誠実なものと考えることができるだろうか。現に彼らは継承されるやいなや、われわれがわずか六万ポンド余のために（というのは、このはした金がスウェーデンと口論する最初の口実だったことを、つねに銘記しておきたいからである）、古くからの誠実な新教徒保護者のスウェーデンを、その隣人のために――隣人のある者は公然たる教皇派であり、ある者はそれよりもっと悪く、ある者はせいぜいのところ微温的な新教徒である——完全に犠牲にしようとするのを助けることによって、全般的にあの利益の土台そのものをくつがえし始めていることをきちんと見ているのである。

第二十条

「それゆえ、同盟者の相互的信義とこの協定の堅持を図るために……上述の国王たちは相互に義務づけあい……友好、利益、旧条約、協定、誓約などいかなる口実によっても、またはいかなる理由によっても本条約のすべての条項の真正の普通の意義から一歩たりとも離れることなく、君主自身、または大臣、または臣民によって最も完全に、また敏速に、この条約において誓約したことを……いささかも躊躇することなく、例外、口実を設けることなく……すべて実施することを宣言する……」。

疑問点その一

この条文は、条約締結に当たり、われわれがこれに反するいかなる取り決めも持たず、今後、調印から一八年の条約有効期間中に、この種の取り決めを結ぶとすれば、それはきわめて不当であろうと述べているのであるから、われわれはスウェーデン国王に対する最近の処置をいかにして世界に向けて正当化できるであろうか。これらの処置は当然ながら、われわれ自身がこの国王の敵や、現在われわれの政策に影響を及ぼしている他のいずれかの宮廷と結んだ条約の結果のように見える。

疑問点その二

本条の字句が……名誉、信義、正義を名としながら、今われわれが本条約にしたがってスウェーデンを助けるのではなく、これをその芯から破滅するために利用しようとする、つまらない、卑しむべき口実にいかにして合致させるのであろうか。

第二十一条

「この防衛条約は十八年間存続し、その満期前に同盟者国王はあらためて交渉……できる」。

前記条約の批准

「余は本条約を精査かつ熟考したのち、各条項のすべてにわたり本条約を是認し、これを確認する。余はこれを自己、相続人、継承者のために是認し、ここに含まれるすべてを誠実かつ真摯に実行し、かつ遵守する王者の言を保証・約定し、これを証するために本文書にイングランド印璽の押捺を命じた。本文書は紀元一七〇〇年、余が治世第十一年二月二五日、ケンジントン宮殿において交付する（国王ウィリアム）」[1]。

疑問点

われわれのうちで、最近の名誉ある革命に賛意をあらわし、永久に輝く故ウィリアム国王に対する誠実で感謝を捧げる敬愛者であるなんびとが、いかなる利益の口実によっても、またはいかなる理由によってでも（もう一度第二十条と同じ言葉を使ってよいだろう）、とくにわが国の船や人や貨幣をスウェーデンの滅亡を果たすために用いようと二年にわたって利用してきたような、取るに足りない些細な口実を設けて、同条約から離れることに我慢できるであろうか。スウェーデンといえば、わが偉大で賢明な君主が、その防衛と保全をあれほど厳粛に約束し、ヨーロッパにおける新教徒の利益を確保するうえで最大限に必要だと見なしてきた当の国なのである。

註

（1）この条約は一七〇〇年一月一六日、ハーグで締結され、同年二月五日、ウィリアム三世によって批准された。

第五章　近代ロシアの根源について

『真理は時宜を得た時にだけ真理である』と題された小冊子の分析――この分析によりわれわれは外交的暴露の導入を終えることにするが――に入る前に、ロシア政治の一般史について、いくつか予備的な所見を述べておくことが適切であろう。

ロシアの圧倒的な影響は、さまざまに異なった時期にヨーロッパを驚かせ、人々を仰天させた。彼らは運命的なものとしてそれにつき従うか、発作的に抵抗するだけであった。しかし、ロシアによって発揮されるその魅力と並んで、そこには永続的に再生する懐疑が、影のようにつきまとい、ロシアの成長とともに増大した。それは皮肉に満ちた鋭い語気に、悩める人々の叫びが混じり合い、ロシアの偉大さをさえ、人を幻惑し欺くためにとられた芝居じみた姿勢であるとあざけるものであった。他の諸帝国もその幼年期には同じような懐疑に出くわしているが、ロシアはそれらの汚名をすぐことなく巨大化した。ロシアは大帝国の歴史において、その権力の実在が世界的規模における偉業達成後でさえ、事実であるかどうかより、むしろ信じるかどうかの問題として扱われるというただ一つの事実を提供している。一八世紀はじめより今日まで、いかなる著者も、ロシアを持ち上げるつもりであろうと牽制するつもりであろうと、その実在をまず証明することなしですませると考えた者はいないのである。

しかし、われわれは、ロシアに関して精神主義者であろうと物質主義者であろうと――われわれがロシアの権力を明らかな事実と見なそうが、ヨーロッパ人の罪の意識による単なる幻影と見なそうが――問題は依然として同じである。それはすなわち、「いかにしてこの権力または権力の幻影は、普遍的君主制の試演により世界を脅かすことで、一方では情熱的な主張を、他方では怒りに満ちた否定を引き起こす次元を獲得し得たのか」ということである。ロシアは一八世紀はじめ、ピョートル大帝の天賦の才能による促成細工と見なされた。シュレーツァーは、ロシアが過去を持つことについての理解を一つの新発見であると考えた。さらに近代では、ファルメライアーのような著者たちは、無意識にロシアの歴史家たちによって踏み固められた道を後追いしながら、「一九世紀のヨーロッパを脅かす北方の妖怪は、既に九世紀のヨーロッパに暗雲を投げかけていた」と、念を入れた主張をしている。彼らによれば、ロシアの政策は初期リューリク朝〔リューリクはヴァリャーグ（ゲルマン人）の長で、スラヴ諸族を支配してノヴゴロド国家を創建〕に始まり、幾度かの中断を経たとはいえ、現代にまで系統的に継続されてきた。

古代ロシアの地図を広げると、既に今日それが誇り得る以上に、ヨーロッパの占める面積が大きく描かれている。九世紀から一一世紀にかけての絶え間なき拡大運動が熱心に指摘されている。オレグ〔最初のキエフ大公〕は八万八〇〇〇の兵をビザンチウム〔東ローマ帝国〕に向け発進させ、その楯を首都の城門に戦勝記念として掲げ、東ローマ帝国に屈辱的な講和条約を押し付けた。イーゴリ〔リューリクの子とされる〕はそれを貢納国とし、スヴャトスラフ〔イーゴリの子〕は「ギリシャ人は余に黄金、珍品、米、果物、葡萄酒を供し、ハンガリーは牛と馬を供し、ロシアからは蜂蜜、蠟、毛皮および奴隷を引き出すのだ」と誇った。ウラジーミル〔一世〕はクリミアとリヴォニアを征服し、ナポレオンがドイツ皇帝に対してしたように、ギリシャ皇帝から娘をゆすりとり、北方征服者の軍事支配に、紫袍の聖なる一族〔東ローマ皇帝の一族〕の専制政治を混ぜ合わせ、地上では彼の臣下の主人であると同時に、天上では彼らの保護者となった。

だが、これらの回顧によって連想されるいかにもありそうな類似にもかかわらず、初期リューリク朝の政治は近代ロシアの政治と根本的に違う。それはヨーロッパに氾濫したゲルマン蛮族の政治とまさに同じものであり、近代の諸国民の歴史はその洪水が過ぎ去った後ようやく始まるのである。ロシアにおけるゴート時代は、とくにノルマン征服の一章をなすにすぎない。シャルルマーニュの帝国が近代フランス、ドイツ、イタリアの成立に先行したように、リューリクの帝国もポーランド、リトアニア、バルト入植地、トルコおよびモスクワ国家自身の成立に先立っている。その急速な拡大運動は巧みに企まれた計画の結果ではなく、ノルマン征服の原始的組織の自然な産物、すなわち、封土なしの主従関係または貢納のみからなる封土にすぎず、新たな征服の必要は栄光と掠奪を切望するヴァリャーグ族冒険者の絶え間ない流入によって生き続けた。首長たちは、休息をとりたがったが、忠実な従士隊によってさらなる前進を迫られた。そしてロシアでは、フランスのノルマンディーにおけるように、首長たちが手におえない、飽くことを知らない戦友たちを、ただ彼らを片付けるためだけに、新たな掠奪への遠征に送り出す時が到来した。初期リューリク側の戦争と征服の組織は、残りのヨーロッパのノルマン人のそれらと少しも異なるところはなかった。スラヴ諸族は剣によってだけではなく、相互の取り決めによっても服従せしめられていたのだが、その特異性は北方および東方からの侵入に挟まれ、後者から保護してもらうために前者に帰するという、それらの部族の特殊な状況のためであった。他の北方諸蛮族を西ローマに引きつけたのと同じ魔力が、ヴァリャーグ族を東ローマに引きつけた。ロシアの首都の移転ですら――リューリクはこれをノヴゴロドに定め、オレグはそれをキエフに移し、スヴャトスラフはそれをブルガリアに建設しようと試みた――疑いもなく、侵入者が手探りで道を進んでおり、ロシアはただ、南方における帝国を探し求めるための中継地点にすぎぬものと見なされたことを証明している。近代ロシアがその世界支配樹立のためにコンスタンティノープルの保有を欲したとしたら、リューリクたちは逆にツィミスケス〔東ローマ帝国皇帝〕治下のビザンツに抵抗され、ついには彼らの支配をロシアに樹立せざるを得なくなった。

ロシアでは、他の北方蛮族のどの征服地よりも早く征服者と被征服者が混交し、彼らの結婚や名前によって示されるように、首長たちもほどなくスラヴ諸族と一体化したといえば異議が唱えられるであろう。だが当時、すぐにも彼ら首長の親衛隊や枢密院を構成した忠実な従士隊が、依然としてもっぱらヴァリャーグ族から構成されていたこと、ゴート・ロシアの絶頂期を示すウラジーミルやその衰退の始まりを示すヤロスラフ〔キエフ公〕が、ヴァリャーグ族の武力によって玉座に据えられたことが想起されるべきであろう。何かスラヴ族の影響というものがこの時代に認められるとすれば、それはスラヴ国家、ノヴゴロドについてであり、その伝統、政策および性向は、近代ロシアのそれとはあまりにも対抗的なので、後者はその実在を前者の廃墟の上にのみ見いだすことができるほどである。ヤロスラフのもと、ヴァリャーグ族の優位は破られたが、同時にそれとともに、第一期の征服性向は失われ、ゴート・ロシアの衰退が始まる。その衰退の歴史は、征服と生成の歴史よりも、なおリューリク帝国のもっぱらゴート的性格を証明している。

リューリク族によって積み上げられた、不調和で扱いにくい、早熟な帝国は、同じように成長した他の帝国のように、征服者の子孫の間で諸邦に分けられ、分割され、再分割され、封土をめぐる戦争によってばらばらにされ、諸外国民の干渉によってずたずたにされた。大公の最高権威は、血族七〇公の対抗的要求の前に消失していった。キエフからウラジーミルへの首都移転によって帝国のいくつか大きな分肢を組み換えようとするスズダルのアンドレイの企図は、ただ解体を南部から中部へ広めるのに成功したということを証明したにとどまる。アンドレイの三番目の継承者は既に、大公の称号という、その主権の最後の残影さえ放棄したので、単なる名ばかりの臣従の誓いがなお彼に寄せられるだけであった。南部と西部の分領公国は、次々にリトアニア、ポーランド、ハンガリー、リヴォニア、スウェーデンのものになった。古都キエフでさえ、大公国の首都から市領へと格落ちしたのち、その運命に従った。こうして、ノルマンのロシアは、完全に舞台から消え去り、残存したかすかな記憶も、チンギス・ハンの恐るべき出現を前に失われていった。ノルマン時代の粗野な栄光ではなく、モンゴル奴隷制の血泥が、モスクワ国家の揺籃を形づくり、近代ロシアはモスクワ国家の変形にすぎないのである。

タタールのくびきは、一二三七年から一四六二年まで二世紀以上続いた。くびきは単にその餌食となった人民の魂そのものを踏み潰しただけではなく、これをはずかしめ、しおれさせるものであった。モンゴルのタタール族は、その制度を形づくる組織的な恐怖と荒廃および大規模な殺戮による支配を打ち立てた。彼らの数は、その壮大な征服の割にはわずかであったので、彼らは人を驚かすような後光に包まれることによって、自らを壮大にみせ、大規模な殺戮によって、彼らの背後で立ち上がるかもしれない住民をまばらにしようとした。さらに、彼らの無人の地の創設においては、スコットランド高地やローマのカンパーニャ平原のように人口を激減させたが、それは人間を羊に、肥沃な土地と人口集居地を草原に変更するのと同じ経済原則に導かれたものでもある。

タタールのくびきは、モスクワ国家が無名から崛起して有名になるまでに、既に百年も続いていた。モンゴルはロシア諸公の間を仲たがいさせ、彼らの奴隷的服従を確保するために大公の位を復活させた。ロシア諸公の間のこの位をめぐる争いは、現代の作家が述べているように、「卑屈な争い、その主たる武器を中傷とする奴隷の争いであり、彼らは絶えず互いを、彼らの無慈悲な支配者に告発しようと準備しており、品位が下がった玉座をめぐって口論した。そこから彼らは、略奪と弑逆の手、黄金で満たされ、血のりで汚れた手によってでなければ行動することができなかった。彼らは、はいつくばらなければあえて玉座に登ることはできず、タタールの三日月刀の下で、跪き、ひれ伏し、震えおののかなければ、それを保持できなかった。タタールは、いつでも卑しい王冠とそれをかぶる諸公の頭とを、彼らの足下に転がそうと待ち構えているのである」。モスクワの支族がついにこの競争を勝ち抜いたのは、この不名誉な争いにおいてであった。告発と暗殺によって一三二八年、トヴェーリの支族からもぎ取られた大公の冠は、ウズベク・ハンの足下から、イヴァン・カリタの兄ユーリによって、拾い上げられた。イヴァン一世カリタと大帝と称せられたイヴァン三世は、タタールのくびきによるモスクワ国家の興起と、モスクワ国家のタタール支配消滅による独立権力の獲得を体現している。

モスクワ国家の全政策は、その歴史舞台へのデビュー以来、この二人の人物の歴史の中に要約されている。

イヴァン・カリタの政策は、要するにこうである。ハンの卑しい道具を演じ、かくてその権力を借り、それから、その権力を彼のライバル諸公や彼自身の臣下に向けて行使する。この目的の達成のために、彼はタタールに取り入らねばならなかった。それはシニカルな追従によって、ゴールデン・ホルド〔キプチャク・ハン国＝金張汗国〕をたびたび訪れることによって、モンゴル公女の手に向けてのつつましやかな嘆願によって、ハンの利益に対する際限なき熱意の表明によって、ハンの命令の無節操な執行によって、彼自身の親族に対するおぞましい中傷によって、彼自身にタタールの絞刑吏と幇間と奴隷頭の性格を兼ね合わせることなどによって、であった。彼は絶えず秘密の陰謀を暴露することによってハンを当惑させた。トヴェーリ支族が民族独立の願いをささやかにでも見せるたびに、彼はそれを告発するためハンのもとにかけつけた。彼が抵抗にぶつかるところではどこであろうと、彼はそれを踏みつぶすためにタタールを引き入れた。しかし、その役柄を演ずるだけでは不十分であり、それを受け入れさせるためには、金が必要だった。ハンとその大官への頻繁な賄賂だけが、彼の欺きと簒奪の仕組みを仕上げるただ一つの確かな土台であった。だが、いかにして奴隷が主人を買収する金を手に入れたのか。彼は自分をロシア分領全体の徴税官に就かせるようハンを説得した。ひとたびこの職務にあずかるや、にせの口実で金をゆすりとった。タタールの名前に附帯した恐怖を使って貯め込んだ富を、彼はタタール自身を買収するために使った。賄賂によって府主教に、府主教座をウラジーミルからモスクワへ移すようにしむけ、こうして、モスクワを帝国の首都たらしめたが、それは宗教上の首都だからであり、教会の権力を彼の王権に結び付けたのである。賄賂によって、彼と張り合う公のボヤーレ〔封建ロシアの最高身分〕を、その主人を裏切るようそそのかし、中心たる彼に引きつけた。イスラムのタタールとギリシャ正教会そしてボヤーレの連合勢力によって、彼は分領を有する諸公を、最も危険な敵であるトヴェーリ公に対する十字軍に結集させた。彼はその後、最近の同盟者を、大胆な簒奪の企てによって彼に対する反抗へと、公益のための戦いへと駆り立てながらも、彼は武器をとらず、ハンのもとにかけつけた。またもや賄賂と幻惑によって、ハンをそそのかし、彼の親族の競争者を、残酷な拷問によって殺させた。ロシア諸公を互いに牽制させ、彼らの不和をかきたて、彼らの力を釣り合わせ、誰をも強くさせない、というのがタタールの伝統的な政策であった。イヴァン・カリタは、ハンを自分の最も危険な競争相手を取り除く道具に換え、彼の簒奪の道へのあらゆる障碍を圧しつぶした。彼は分領を征服しなかった。だが、こっそりと、タタール征服《コンクエスト》による諸権益を、自己の独占的利益に換えた。彼は、公国と農奴制の奇妙な複合であるモスクワ大公国を興した同じやり方で、自分の息子の相続をかちえた。彼の統治全体を通じて、彼は自分自身に敷いた政策路線から一度としてはずれることはなかった。かたくこれに固執し続け、几帳面かつ大胆に実行した。かくして彼は、モスクワ権力の創設者となり、人民は彼の特徴を表してカリタ、つまり金袋〔財布〕と呼んだ。なぜなら、彼の道を切り開いたものは剣ではなく、金袋〔財布〕だったからである。まさに彼の統治期には、ロシアの諸分領公国を西から分断することになるリトアニア権力の急速な増大を見ており、その一方ではタタールは東から、それら諸分領を一塊になるまで締め上げていた。イヴァンは、後者をあえて恥としてはねのけることはせず、前者を大げさに言い立てているように見えた。彼は栄光の誘惑にも、良心の痛みにも、屈辱による無気力にも、その目的追究からそらされることはなかった。彼の全体系は、簡潔にいえば、王位を簒奪しつつある奴隷のマキアヴェリズムとして表される。彼は自身の弱みである奴隷根性をその強さの源泉に変えたのである。

イヴァン一世カリタが辿った政策は、彼の後継者たちの政策でもあった。彼らはただ、その適用範囲を拡大しただけであった。彼らは大いに骨を折って、徐々に、しかし断固としてそれを追求していった。それゆえにわれわれは、イヴァン一世カリタから、ただちに大帝と称されるイヴァン三世に移っていいだろう。

イヴァン三世の治世(一四六二〜一五〇五)の初期においては、まだタタールの貢納国であった。彼の権威はまだ分領保有諸公から挑戦されていた。ロシア諸共和国の頭たるノヴゴロドはロシア北方に君臨していた。ポーランド・リトアニアはモスクワ国家征服に向け励んでいた。最後に、リヴォニア騎士団はまだ武装を解いていなかった。その統治の終わりに、われわれはイヴァン三世が独立の玉座に座り、その傍らにはビザンツ最後の皇帝の娘を、その足下にはカザン・ハンをはべらせ、かつキプチャク・ハン国の残部が、その宮廷に群がっているのが見られる。ノヴゴロドと他のロシア共和国は隷属させられ、リトアニアは縮まり、その王はイヴァンの手のひらのうえの道具となり、リヴォニア騎士団は亡ぼされた。驚いたヨーロッパは、イヴァンの治世のはじめに、タタールとリトアニアの間に挟まれていたモスクワ国家の存在にほとんど気づかなかったのだが、東の辺境に広大な帝国が突然出現したことに幻惑された。ヨーロッパを震え上がらせたオスマン朝スルタン・バヤズィットでさえ、モスクワ国家の外交官による傲慢な言葉をはじめて聞いたのだった。それではイヴァンはどのようにしてこれらの偉業をなしとげたのか。彼は英雄だったのか。ロシアの歴史家たちでさえ、彼がよく知られた臆病者であったという正体を明かしている。

彼の主要な抗争を、彼が着手し終結させた順に手短に概観してみよう。それはタタール、ノヴゴロド、分領保有諸公、最後にリトアニア・ポーランドとの争いである。

イヴァンがモスクワ国家をタタールのくびきから救ったのは、大胆な一撃によってではなく、およそ二十年にわたる辛抱強い骨折りによってである。彼はくびきを断ち切ったのではなく、こっそりとくびきをはずしたのである。それゆえに、その打倒は人間のおこないというより自然の働きのように見える。タタールという怪物がついに息絶えた時、イヴァンはその死のベッドのもとで、その死に与る戦士というよりも、死を予知し思いをめぐらす医師のように見えた。どの民族の性格も、外国のくびきから解放されるとともに拡大するものであるが、イヴァンの手中にあったモスクワ国家のそれは、むしろ縮んだように見える。ここではアラブに対するスペインの戦いをタタールに対するモスクワ国家の戦いと比較するだけでよい。

イヴァンが玉座についた時期、キプチャク・ハン国は、内においてははげしい反目によって、外においてはノガイ・タタールの彼らからの分離、ティムールの勃興、コサックの台頭、クリミア・タタールの敵対行動によって、ずっと前より弱くなっていた。モスクワ国家は反対に、イヴァン・カリタによって敷かれた政策をしっかりと追求することによって、強大な集合体に成長していた。タタールの鎖に絞られていたが、同時にきっちりと統合されてもいた。ハンたちは、魔法にでもかかったかのように、引き続き、モスクワ国家の拡大と集結の道具であった。彼らは計算づくで、ギリシャ正教会の力を増やしてやったが、それはモスクワ大公の手にあって、ハンたちに対してはその死命を決する武器となった。

ハン国に対して立ち上がるのに、モスクワ国家は何も発明する必要はなく、ただタタール自身を真似ただけでよかった。だが、イヴァンは立ち上がりもしなかった。彼は卑屈にも自らがキプチャク・ハン国の奴隷であることを認めた。タタールのある婦人に賄賂を贈ることにより、ハンをしてモンゴル居住者がモスクワ国家から引き上げるように命令させた。似たような、人に気づかれない、内々の処置によって、彼はハンを出し抜き次々と譲歩させたが、そのすべてが彼らの支配にとっては破滅的なものであった。このようにして、彼は征服したのではなく、力をくすねたのである。彼は敵を追い出したのではなく、彼の敵をとりでから出て他所に移るよう策をめぐらしたのである。ハンの使節の前では、依然として、ひれ伏し続け、ハンの貢納者であると公言しつつも、あえてその主人には向かわず、ただその手の届かないところにこっそり抜け出す逃亡奴隷のあらゆる策略を駆使して、嘘の口実のもと貢納の支払いを避けた。ついに、モンゴルはその鈍感さから目覚め、戦争の時がやってくる。イヴァンは、ただ武力衝突の見かけだけでも震え上がり、恐怖のあまり身を隠し、敵の仇となるべき的をひっこめることによって、敵の怒りを鎮めようとした。彼はただ、同盟者であるクリミア・タタールの介入によってようやく救われたのだった。キプチャク・ハン国の第二次侵入に対しては、彼は見かけ上、不釣り合いなほど大きな軍勢を集めたので、ただその数のうわさだけで、敵の攻撃をかわすことができたほどである。第三次侵入に際しては、二十万の軍勢のただなかから、彼は恥ずべき逃亡者として姿をくらました。しぶしぶ連れ戻された彼は、隷属の条件を値切ろうと試み、そしてついに、彼の軍隊に彼の卑屈な恐怖心を注ぎ込み、無秩序の総退却を生じさせた。モスクワ国家は当時、回復不可能な悲運をじりじりしながら待ち受けていたのだが、突然耳にしたのは、クリミア・タタールがおこなったその首都への攻撃によって、キプチャク・ハン国は撤退を強いられ、その退却のなかコサックとノガイ・タタールに壊滅させられたということであった。こうして敗北は勝利に変わり、イヴァンはキプチャク・ハン国と戦ってではなく、いつでも攻撃行動に出るというハン国へのみせかけの挑戦によって打倒したのである。それによりハン国に残る勢力は活力を消耗させられ、イヴァンに手懐けられて彼の同盟者となった同じ人種の部族による致命的一撃に晒された。イヴァンはタタールを別のタタールに戦わせたのである。彼が招いた巨大な危険は、彼に一片の男らしさもないことを示した。それゆえ、その奇跡的な大勝利も、ひと時として彼をのぼせ上がらせることはなかった。彼は用心深くかつ慎重に、カザンをあえてモスクワ国家に組み入れず、これを彼のクリミアの同盟者、メングリ・ギレイの一族に属する君主たちに引き渡し、いわば信託としてモスクワに代わって保有させたのである。敗北したタタールの戦利品をもって、勝利したタタールをつなぎとめた。だが、彼はその恥辱の目撃者がいることにより、勝利者を気取ることにはひどく慎重であった。とはいえ、この詐称者は、タタール帝国の没落が遠方の人々をいかに幻惑するか、そのことによって彼がどんなに栄光の後光に包まれるのか、またヨーロッパ列強の間に堂々と参入することがいかに容易になるかを十分に理解していた。それゆえ彼は、国外では征服者として芝居がかった態度をとり、かつ実際には、誇りに満ちた感受性と怒りっぽい傲慢さという仮面のもとに、ハンの最も卑しい使節の鐙を舐めたことを記憶するモンゴルの奴隷としての厚顔無恥をうまく隠していた。彼は自分の魂を恐怖させた元の主人たちの声を、より低く抑えた声で真似て見せた。近代ロシアの外交官のいくつかの決まり文句、雅量や主人の傷つけられた威厳とかいったものは、イヴァン三世の外交上の説諭から借用したものである。

カザン・ハン国の降伏の後、彼は長らく計画してきた、ロシア諸共和国の長、ノヴゴロドへの遠征に着手した。タタールのくびきを打倒することが、彼の眼においては、モスクワ国家の偉大さの第一条件であるとすれば、ロシアの自由の打倒は、第二条件であった。モスクワ国家とキプチャク・ハン国の間において、ヴャトカ共和国が自身の中立を宣言し、プスコフ共和国とその一二の都市もまた不満の兆候を示したので、イヴァンは後者にへつらい、前者のことは忘れた振りをして、しばらくの間はすべての彼の力を大ノヴゴロドへ集中した。彼はノヴゴロドの運命によって、残りのロシアの諸共和国の運命が定められることを知っていた。豊富な戦利品の分け前を期待させることによって、彼は分領所有諸公を彼のもとに引きつけ、他方ではノヴゴロド民主政に対する、その盲目的な憎悪に働きかけることによってボヤーレたちを誘い込んでいたのである。

こうしてイヴァンは、三つの軍隊をノヴゴロドへ向けて進軍させ、この比類なき力でノヴゴロドを圧倒しようと企てた。ところが、諸公への約束を守らないように、Vos non vobis 、すなわち、「諸君たちの有利にならないように諸君を使う」との決まり文句を犠牲に供しないために、同時にノヴゴロドがまだ準備不足から消化できないことを怖れて、彼は突然の緩和により、賠償金とノヴゴロドにおける彼の主権の承認に満足するのが適当だと考えた。だが、共和国の降伏文書にいくつか両義的な意味の言葉を押し込んでおいた。その言葉が彼をノヴゴロド最高の裁判官と立法者にしたのである。それから彼は、フィレンツェにおいてと同様にノヴゴロドにおいても猛威をふるっている貴族と平民の間の不和を助長した。平民の苦情の訴えに、イヴァンは再び市内に入る機会を得て、自分に敵対的であることがわかっている貴族を鎖につないでモスクワに送った。それは「いかなる市民も市域の外で審理または処罰されえない」とのノヴゴロドの古来の法を破るものであった。その時から彼は最高の裁決者となった。年代記作者はいう。「リューリク以来、こんなことは起きたことがない。キエフやウラジーミル大公でさえ、ノヴゴロド市民がやってきてその判決に従うなどということをけっして見たことはなかった。イヴァンだけがノヴゴロドを屈辱のあの段階にまで落とすことができたのだ」。

イヴァンが裁判権を行使して共和国を腐食させるのに七年間かかった。そこで彼が共和国の力が尽きたと知った時、自ら表明する時が熟したと考えた。彼の穏健な仮面を捨て去るために、ノヴゴロド側における平和の破棄を欲した。静かな忍耐を装ってきたので、今度は突然の激情の爆発を装ったのである。共和国の使節の一人を買収し、公衆の間において彼を主権者と呼ばせたうえで、彼はすぐさま、専制君主の全権利、すなわち共和国の自己解体を要求したのである。

〔エリノア版（一八九九年）では、ここから第五章の終わりまで省略されている〕

イヴァンが予想したように、ノヴゴロドは彼の簒奪に対し反乱、貴族の大虐殺およびリトアニアへの降伏で応えた。すると、マキアヴェリの同時代人であるこのモスクワ人は、道徳的な憤激に駆られた口調としぐさで不満げに述べ立てた。「イヴァンを主権者に選んだのはノヴゴロド人である。かつ、彼らの願いに従い、彼がついにその称号を引き受けるや、彼らはイヴァンを否認し、厚かましくも、全ロシア人の前で、仰々しく彼を嘘つきだと責めた。彼らは大胆にも、依然として彼らに忠実である同国人の血を流し、外国の宗教と支配をその境界内に呼び込むことによって、天とロシアの聖地を裏切ったのだ」。彼がノヴゴロドに対する最初の攻撃ののち、公然と貴族に対抗する平民と同盟したように、今度は貴族の平民に対する密謀に加わったのである。イヴァンはモスクワ国家とその封臣の連合軍を共和国に進撃させた。共和国が無条件降伏を拒絶すると、彼は恐怖による征服というタタールの故事を思い出した。彼は丸一カ月の間、ノヴゴロドをめぐる放火と荒廃による包囲の環をよりいっそうきつく締め、その間剣は抜かないままにして、派閥に引き裂かれた共和国が、狂おしいほどの絶望、重々しい落胆、諦めの無気力というすべての局面を経過するのを静かに見守っていた。ノヴゴロドは隷属させられ、他のロシアの共和国もそうなっていった。

イヴァンがその勝利の道具立てに対応した武器を鍛えるために、勝利の好機をいかにつかんだのかを見るのは興味深い。ノヴゴロドの聖職者領とノヴゴロド公領の統合によって、彼は資産を獲得し、それによってボヤーレを買収したのち、諸公たちと戦わせ、かつボヤーレの従者たちに恵みを与えつつ、ボヤーレと戦わせた。諸共和国を始末するために、モスクワ国家ならびに近代ロシアによって、つねにどれほど大きな骨折りを払ったのかについては、いまだなお注目すべき価値がある。ノヴゴロドとその植民地を手始めに、コサックの共和国がそれに続き、ポーランドが終わりを告げる。ロシアのポーランド粉砕を理解するためには、一四七八年から一五二八年まで続いたノヴゴロドの始末について研究しなければならない。

イヴァンはモンゴルがモスクワ国家を押しつぶすのに使った鎖を強奪したが、それはただロシアの諸共和国を縛り上げるためにそうしたにすぎなかった。彼はこれらの諸共和国を隷属させたが、それはただロシアの諸公を共和化させただけのように見えた。イヴァンは二年か三年の間、その独立を認め、彼らをすねるにまかせ、その非礼にも腰を低くしていた。今や、キプチャク・ハン国の打倒と諸共和国の没落によって、彼は著しく強力になり、他方諸公は、モスクワ国家が諸公のボヤーレにもたらした影響力によって、ひどく弱まっていたので、ただイヴァンの側で力を演出するだけで、彼らとの争いを決するのに十分であった。それでもなお、イヴァンは当初、その用心深き手順から離れなかった。彼はロシア最強の封臣トヴェーリ公を、その軍事作戦の最初の目標として選び出した。彼は、トヴェーリ公が攻勢に出て、リトアニアと同盟を結ぶように仕向け、次に彼を公然と裏切り者であると非難し、さらに彼をおどして、公の防衛手段にとって有害になるように次々に譲歩させ、続いてそれらの譲歩が彼をその従臣たちとの関係で位置する具合の悪いポジションをあてがい、そしてその結果が出るようにその体制をそのまま維持させた。それはトヴェーリ公による挑戦の放棄と彼のリトアニアへの逃亡へと結果した。トヴェーリはモスクワ国家に統合された。イヴァンは長くもくろんでいた計画の執行を、恐るべき精力をもって前に進めた。他の諸公は、ほとんど抵抗なく、ただの知事に格下げされた。まだ、イヴァンの二人の兄弟が残っていた。一人はその分領を放棄するように説得された。もう一人は、宮廷におびき出され、偽善の兄弟愛の演出によって護衛をはずされ、暗殺された。

われわれは今、最後の壮大な、リトアニアとの争いに到達した。それはイヴァンの登位とともに始まり、彼の死の数年前にようやく終わった。彼は三十年間、この争いを外交戦に限っており、リトアニアとポーランド間の内的不和を醸成し増大させ、リトアニアにおいて不満を持つロシア人の封臣を引きつけ、敵たちを煽りたてることによって、彼の敵を無力にさせた。それらの敵とは、オーストリアのマクシミリアン、ハンガリーのマーチャーシュ・コルヴィヌス、とりわけ、モルダヴィア大公シュテファンであり、イヴァンは婚姻によって彼を自分にしっかり結び付けていたが、最後にくるメングリ・ギレイは、リトアニアに対してもキプチャク・ハン国に対しても力強い道具であった。しかし、カジミエシュ四世の死と、弱きアレクサンデルの即位にあたり、リトアニアとポーランドの王位は一時分かれたが、この時この二カ国は互いに戦い合って相手の力を損なった。ポーランド貴族は一方では王権を弱め、他方では騎士と市民の地位を引き下げるために骨折ることに溺れ、リトアニアを見捨て、モルダヴィアのシュテファンやメングリ・ギレイの同時侵入を前に、その後退を被った。かくして、リトアニアの弱体は明白となった。その時、イヴァンは、彼の力を発揮する機会が熟し、彼の側にその爆発的発揮の成功条件が、満ちているということを知った。それでも彼は、圧倒的な兵力の集結による、芝居じみた戦争の演出を越えることはなかった。彼が完璧に予想したように、戦闘への意志を装うだけで、今やリトアニアを条約によって屈服させるのに十分であった。イヴァンは、カジミエシュ王の時代にひそかにおこなっていた浸食を条約によって無理やり認めさせた。それと同時に、彼はアレクサンデルに同盟させ、かつ自分の娘をおしつけ困らせた。さらに同盟を使って、アレクサンデルが彼の舅によって仕掛けられた攻撃を防げないようにした。また、彼の娘を使って、不寛容なカトリック王と彼から迫害されたギリシャ正教徒の臣民との間の宗教戦争をかきたてた。この騒ぎのなか、彼はついに思い切って剣を抜き、キエフやスモレンスクまでの、リトアニア支配下のロシア公国分領を奪いとった。

ギリシャ正教は全体として、彼の最も力強い行動手段の一つであることが証明された。だが、ビザンツの遺産に対する所有権を主張し、モンゴル農奴制のスティグマ（汚辱）をビザンツ皇室の紫袍のマントで覆い隠し、モスクワ国家の成り上がり者の玉座を栄光ある聖ウラジーミルの帝国に結びつけ、ギリシャ正教会に身内の新しい世俗の首長を与えるために、イヴァンは世界中の誰を選ぶべきだったのだろうか。ローマ教皇である。教皇の宮廷には、ビザンツ最後の皇女が暮らしていた。イヴァンは教皇から、正教を捨てるとの誓いを立てることによって、彼女をだまし取った。この誓いは、彼の首座主教に命じて、彼をそこから解き放させた。

単に名前と日付を入れ替えれば、イヴァン三世の政策と近代ロシアのそれとの間に存在するのは、相似性ではなく、同一性であることがわかるだろう。イヴァン三世としては、イヴァン一世カリタによって遺贈されたモスクワ国家の伝統的政策を完成したにすぎない。モンゴルの奴隷、イヴァン・カリタは、最大の敵タタールの力を、彼のより小さな敵、ロシア諸公に向け駆使することによって、偉大さをかちえた。イヴァンはタタールの力をただ偽りの口実のもとでしか行使することができなかった。彼の主人の前では、彼が実際に集めた力を隠すように強いられたために、仲間の農奴たちロシア諸公には、持ってもいない力で幻惑するしかなかった。この問題を解決するため、彼は最もみじめな奴隷制の、あらゆるたくらみを一つの体系に仕立て上げ、その体系を奴隷の辛抱強い労働によって実行しなければならなかった。公然たる力の行使そのものは、陰謀と買収および隠れた簒奪の体系には、ただ陰謀としてしか入り込むことはできない。イヴァンは、自分が毒を入れる前に、打撃をくらわすことはできない。目的の単一性は、彼には、行動の二面性となった。敵対勢力の詐欺的使用によって浸食し、それを使う行動そのことによってその力を弱め、最終的に、それ自身の助けを借りることによって生まれた効果によってそれを打倒する。この政策方針は、支配人種と服従人種の双方の特有な性格によって、イヴァン・カリタに霊感を与えたところのものである。イヴァン・カリタの政策は、依然としてなおイヴァン三世の政策でもあった。

それは名前や位《くらい》、敵対勢力の性格がどんな変化を経ようとも、なおもピョートル大帝と近代ロシアの政策でもある。ピョートルはたしかに近代ロシアの政策の創案者である。だが、彼はただ、他国浸食に関する古きモスクワ国家の方式から、単なる局地的性格およびその偶有的な混合物を取り除き、それを抽象的な公式に仕上げ、その目的を一般化し、かつ力の与えられた限界の廃棄から、無制限の力への熱望へと、その対象を高めることによって、そうなったにすぎないのだ。彼は、ただいくつかの属州の追加によってではなく、その体系の一般化によって、モスクワ国家を近代ロシアへと変貌させた。

要約してみよう。モスクワ国家が育まれ、成長したのは、モンゴル奴隷制の恐るべき卑しき学校においてであった。それは、農奴制の技巧の達人になることによってのみ力を集積した。解放された時でさえ、モスクワ国家は、伝統的な奴隷の役割を主人として実行し続けていた。長い時間の末、ようやくピョートル大帝は、モンゴルの奴隷の政治的技巧に、チンギス・ハンの遺言によって遺贈された世界征服というモンゴルの主人の誇り高き野望を結びつけた。

第六章　ロシアの海洋進出と文明化の意味

スラヴ人種を性格づける一つの特徴が、すべての観察者の心を打つに違いない。ほとんどいたるところで、彼らは内陸部に閉じ込められており、海の境界は非スラヴ部族のものになっている。フィノ・タタール部族は黒海の岸をおさえている。リトアニア人とフィン人はバルト海と白海の岸をおさえている。彼らが海岸に接触したところはどこでも、たとえばアドリア海やバルト海の一部のように、スラヴ人はまもなく外国人の支配に服することになる。ロシア人もこのスラヴ人種の共通の運命を分け持っている。彼らが最初に歴史に現れた時の原郷は、ヴォルガ川とその支流であるドニエプル川、ドン川、北ドヴィナ川の水源および上流あたりの地方であった。どこにいっても、彼らの領域は、フィンランド湾の最端を除けば海に接しなかった。また彼らは、ピョートル大帝以前においては、一年の四分の三は閉ざされ身動きできない白海のほかは、一つも海への出口を征服できなかった。現在、ペテルブルクが建っているところは、過去千年の間フィン人、スウェーデン人、ロシア人の間で争われた土地である。メーメルに近いポランゲンからトルネアへの海岸（ボスニア湾）の残りの部分すべて、アケルマンからレドゥート・カレーまでの黒海の全沿岸は、のちに征服したものである。さらに、スラヴ人種の反海洋的特性を証明するかのように、これらすべての海岸線の中で、バルト海のどの部分もロシア国民を受け入れたことはない。黒海のチェルケスとミングレル東部海岸も同じである。耕作し得る限りの白海の沿岸と、黒海北岸のある部分、そしてアゾフ海沿岸の一部のみが、実際にロシア人が居住したところであるが、彼らは新しい環境に置かれたにもかかわらず、依然として海に達することを控え、頑固に先祖の陸の放浪者の伝統に固執し続けた。

ピョートル大帝は当初から、スラヴ人種のすべての伝統を打破した。「ロシアが欲しいのは水である」。彼がカンテミール公への非難として述べたこの言葉は、彼の人生の扉に書き込まれている。アゾフ海の征服は、第一次トルコ戦争において、バルト海の征服はスウェーデンとの戦争において、黒海の征服はオスマン朝との第二次トルコ戦争において、カスピ海の征服はペルシアへの詐欺的干渉において、それぞれ目指されたものである。局地的浸食の方式にとっては陸地で十分であるが、全般的侵略にとって水は不可欠なものとなった。モスクワ国家の政策の伝統的限界が取り除かれ、モンゴル奴隷の浸食方法とモンゴル人の世界征服傾向がブレンドされ、近代ロシア外交の生命の源泉を形づくったあの大胆な総合に融合されたのは、ただもっぱら陸地からなる国から海に接する帝国への転換によってであった。

ピョートル大帝による初期の帝国のような内陸的位置にある状態のもとでは、どんな大国もかつて存在したことがないし、存在し得ないであろうといわれている。またいかなる大国もかつて、その海岸と河口が自らから引き離されるのに甘んじたことはない。それゆえ、ロシアはもはや、北部ロシアの産物の自然な捌け口であるネヴァ河口をスウェーデンの手に委ねることはできない。それはドン川、ドニエプル川、ブク川の河口とケルチ海峡を、遊牧民であり略奪者であるタタールの手に任すのができないのと同じことだ。バルト諸州は、その地理的配置そのものからして、当然にもその後背地を保持する国家の付属物であり、ピョートルは一言でいえば、少なくともこの方面では彼の国家の自然な発展にとって絶対に必要なものを保持したにすぎない。この見地からして、ピョートル大帝はスウェーデンとの戦争によって、ただロシアのリヴァプールを建設し、それに不可欠な海岸の一片を与えようとしただけであった。

だが、そこでは一つの大きな事実が軽視されている。それはピョートルが帝国の首都を内陸の中心から海の先端に移したあの力技、すなわち、それによって彼が征服したバルト海岸の最初の地片、ほぼ国境からの射程内に新首都を建てたその特徴的な大胆さである。こうして意識的に、中心からはずれた中心をその領上に与えたのである。ツァーリの玉座をモスクワからペテルブルクに移すことは、リバウからトルネアまでの全海岸が征圧されるまで、襲撃からさえ安全ではないところにそれを置くことを意味した。その事業は一八〇九年、フィンランドの征服まで完成されなかった。「サンクトペテルブルクはそこからロシアがヨーロッパを見渡す窓である」とアルガロッティは述べている。それは最初から、ヨーロッパ人への挑戦であり、ロシア人にとってさらなる征服への刺激であった。今日のロシア領ポーランドの要塞化は、この同じ考えの実行におけるさらなる一歩にすぎない。モドリン、ワルシャワ、イヴァンゴロドは、反抗心に富んだ国を監視し続ける砦以上のものである。ペテルブルクがその直接の連関において、百年前には北方に対する脅威であったように、それらは同じように西方への脅威である。それはバルト諸州がモスクワ国家をロシアに変えたように、ロシアを汎スラヴに変えることになるはずである。

帝国の中心からはずれた中心であるペテルブルクは、同時になお描かれるべき外周を指し示した。

それゆえ、ピョートル大帝の政策を、その祖先の政策から分かつものは、単なるバルト諸州の征服ではなく、バルト征服の真の意味を明らかにしているのは、むしろ首都の移転である。ペテルブルクは、民族の中心であるモスクワのような都市ではなく、政府所在地であった。人民の腰を下ろした仕事によってではなく、一人の男の速成的創造であった。内陸人民の特徴がそこから放射したような培基ではなく、内陸人民の特徴が失われる海への先端であった。民族発展の伝統的な核ではなく、慎重に選ばれたコスモポリタン的な陰謀の住まうところであった。首都の移転によってピョートルは、旧モスクワ・ツァーリの浸食方式、偉大なるロシア民族の自然な能力と願望を結び付けていた自然の絆を断ち切った。自分の首都を海の縁に設立することによって、彼はかの人種の反海洋という本能に公然と挑戦し、それを彼の政治機構における単なる錘に引き下げた。モスクワ国家は一六世紀以来、シベリア側にしか重要な獲得物を得なかった。一六世紀まで西方と南方へ向けられた疑わしい征服はただ東方での直接的媒介によってもたらされたにすぎない。首都の移転によってピョートルは、祖先とは反対に、東側とそれに直接隣接する国々に対して、西側の媒介を通して、働きかけるつもりだということをはっきり示した。もし、東方を通した媒介がアジア諸民族の停滞的性格と限られた関係によって狭く限界づけられたとすれば、西方を通した媒介は、西欧の動態的性格との全面的関係によって、すぐに限りなくかつ普遍的なものとなった。首都の移転は、この媒介の変更を意味する。バルト諸州の征服は、その達成の手段を提供したが、それは同時にロシアが、隣接する北方諸国家における支配権を獲得することによってであり、ヨーロッパのあらゆる地点と即時にかつ不断に接触させることによってであり、この征服によって海軍軍需品をロシアに依存するようになった海洋列強との物質的絆を基礎に置くことによってであった。この依存は海軍軍需品を大量に産出するモスクワ国家が、それ自身の出口を持たない間は存在しなかった。ところが、これらの出口を保持したスウェーデンは、その背後に横たわる国を獲得したことはなかった。

主としてタタールのハンたちの媒介によって彼らの浸食をおこなってきたモスクワのツァーリたちが、モスクワ国家をタタール化せざるを得なかったとすれば、西側の媒介を通じ働きかけをおこなう決意をしたピョートル大帝は、ロシアを文明化せざるを得なかったのである。バルト諸州を把捉することによって、彼は同時にこの過程に必要な道具を捉えた。それらは彼に、西側において、政治的・軍事的行動の体系を実施するための頭脳としての外交官や将軍を提供したばかりでなく、同時に大勢の官僚、教員、訓練教官をもたらした。これらの人びとは、ロシア人を西側の人びとの思想に染めることなしに、西側の人びとの技術応用に順応させ、彼らに文明の装いをまとうよう訓練することとなった。

アゾフ海も、黒海も、カスピ海も、ピョートルにヨーロッパへの直通路を開いてやることはなかった。さらに、彼の生涯の間、タガンログ、アゾフ、黒海は、新設のロシア艦隊、港湾、造船所とともに放棄されるか、あるいはトルコに引き渡されるかした。ペルシア征服もまた、時期尚早の企図であることが明らかとなった。ピョートル大帝の戦争生涯を満たす四つの戦争のうち、最初の戦争であるトルコとの戦争は、その成果は第二次トルコ戦争において失われることになるが、それは一点において、伝統的なタタールとの戦争の継続であった。また別の点からみて、それはスウェーデンとの戦争の序曲にすぎなかった。第二次トルコ戦争は、スウェーデン戦争の挿話をなし、ペルシア戦争は終章をなした。かくしてスウェーデンとの戦争は二一年間続き、ピョートル大帝の軍事生活をほぼ吸い尽くした。われわれはその目的であれ、その結果であれ、あるいはその継続期間を考慮に入れるとしても、それをピョートル大帝の戦争と呼ぶのが妥当であろう。彼の全創造は、バルト沿岸地方の征服次第なのである。

さて、ここでわれわれはピョートルの軍事・外交上の作戦の詳細を全く知らなかったとしよう。モスクワ国家のロシアへの転換は、半アジア的内陸国家からバルト海の海洋権力への転換によってもたらされたという単純な事実は、われわれに以下の結論を押しつけるものではなかろうか。すなわち、当時最大の海洋権力イギリスが——一七世紀の中葉以降、その海洋権力をバルト海のちょうど入り口にも置いていたが、イギリスはそこにおいて最高の裁決者として振る舞い続けていた——この大変化に関与したに違いないとか、イギリスがピョートル大帝の主たる支柱あるいは主たる障害であったに違いないとか、スウェーデンとロシア間の長く続いた死闘の間、イギリスがその均衡を傾けたとか、イギリスがスウェーデンを守ろうと全力をつくしたことを見いだせないとしたら、われわれが利用し得るあらゆる手段でモスクワ国家を助長したことは確かだろうとか、そういった結論を、である。だが、通常歴史と呼ばれるもののうちでは、イギリスはほとんどこの大きなドラマのプランには現れず、演技者としてよりも観客として描かれている。現実の歴史は、キプチャク・ハン国のハンたちがイヴァン三世とその前任者たちの計画を実現するうえでの手段であったと同じように、イギリスの支配者がピョートル大帝とその後継者たちの計画を実現するうえで手段であったことを示すだろう。

われわれが復刊した小冊子は、ピョートル大帝と同時代のイギリス人によって書かれたものなのだが、のちの歴史家に共通の幻惑と大きく隔たっている。それらの小冊子は、イギリスをロシア最強の道具として力をこめて非難している。同じ立場が、われわれがいま簡潔に分析し、それによってこの「外交的暴露」への導入を終わらせようとしている小冊子によっても、採られている。『真理は時宜を得た時にだけ真理である——わが内閣の反モスクワ的な現方策の擁護、等々、謹んで下院に奉ず、ロンドン、一七一九年』とそれは題されている。

われわれが復刊した以前の小冊子は、現代のロシア賛美者の言葉を使えば、「ピョートルがイギリスを含め、彼の命令のもと航行することを誇りとする、すべての北方列強の連合艦隊の長としてバルト海を渡った」時か、あるいはその少し後に書かれたものである。しかし、一七一九年、『真理は……真理である』が発行された時、諸事情の外観はすっかり変わったように見える。カール十二世は既に死んでおり、イギリス政府は今やスウェーデンに加担し、ロシアと戦う様相であった。特別の注意を要するこの匿名の小冊子には、他の事情が関連している。それはモスクワから帰途についた著者が、一七一五年八月、ジョージ一世の命によって書き上げ、当時の国務相タウンゼンドに手渡された報告からの抜粋であるといわれている。

「わが国が当時ツァーリと関係を絶ち、再び彼をバルト海から締め出すことが絶対に必要であることを、適切に予想し、われわれの宮廷に忠告申し上げておいたのは私が最初であることは、目下、私の徳とするところである」。「私の報告は、ツァーリの、他の諸国に対する、とりわけドイツ帝国に対する、その狙いを明らかにするものであった。内陸の強国であるが、そのドイツに対し、彼はリヴォニアの選挙侯として認められるように、選挙侯の領地としてリヴォニアの併合を提案した。それはツァーリが当時、専制君主を称しようと考えていたことに注意を向けたものであった。ギリシャ正教会の首長であることは、他の君主たちによってギリシャ正教会の首長として、認められることになろう。私は、われわれとして、いかにその称号を認めたくないかについて言うつもりはない。というのも、既に大使をして、ツァーリを皇帝陛下の称号で遇しているからである。他方、スウェーデンは、いまだけっしてそれにへりくだってはいないのである」。

一時、モスクワ駐在イギリス大使館員であった著者は、彼のいうところによれば、のちに「ツァーリがそれを強く望んだので解職され」たが、それは以下のことが確かめられたからであった。

「私はわれわれの宮廷に、この報告書に含まれているようにその事情について解明を与えた。それについて、私は国王陛下に訴え申し上げたく、かつ、陛下がそれを擁護されていると聞かれたタウンゼンド子爵に、証言したく思う」。「しかしながら、それにもかかわらず、私はこの過去五年間、きわめて長い間、問題が未済になっており、その処理をめぐり懇請し続けてきた。かつそれについて、その大部分を故女王陛下の委託の執行に当たってきた」。

突然、スタンホープ内閣がとったこの反モスクワ国家的態度について、われわれの小冊子の著者はむしろ懐疑的な気持ちで見ている。

「現在同様、当時から同盟国であったスウェーデンをほんの昨日まで何事についても困らせていたツァーリの動機とはいったい何なのかといえば、大ブリテンとの友好以外、なんの結びつきもないはずである。とはいえ私は、この報告書を通して、あらゆる方法でツァーリを強めさせたことについてわれわれが納得させられるなら、公衆から寄せられる内閣への賞賛を排除するつもりはない。……私がこれを書いている瞬間に、まだ三年とたたない以前に、モスクワ国家、すなわち、われわれの庇護下にない王の海軍として、はじめてバルト海に出現させるように計らったその紳士が、今や権力者によって、再度、ツァーリにこの海における二度目の会合を許す権限が与えられたことを知った。これはいかなる理由によってなのか、そしていかなる善き目的のためなのか？」

そこで示唆された紳士とはノリス提督であり、彼のピョートル一世に対するバルト海作戦は、たしかにその範のうえに、最近のネピア提督やダンダス提督の海上作戦が切り開かれた原型であるように見える。

バルト諸州のスウェーデンへの返還は、大ブリテンの商業上ならびに政治上の利害によって必要とされている。それこそが、わが著者の議論の核心である。

「貿易はわれわれの国家の真の生命であり、食物が生命にとってそうであるように、海軍軍需品は艦隊にとっての生命である。われわれがすべての他の諸国との間で進めている貿易は、せいぜいのところ利益が上がるだけのものである。この北方との貿易は必要不可欠であり、かつ不適切にも大ブリテンの「聖なる攻撃」と呼ばれるべきではないだろう。というのも、すべてのわれわれの貿易と国内におけるわれわれの安全を支えるために、北方は最も主要な外国への出口であるからである。毛織物と鉱産物が大ブリテンの主要商品であるように、同じく海軍軍需品も、モスクワ国家およびツァーリが最近スウェーデン王室からもぎ取ったバルト地区のすべての諸州の主要商品である。これらの諸州がツァーリの所有になった時から、ペルナウは全く廃れていった。レヴァルには、イギリス商人は一人も残っていない。以前ナルヴァにあったすべての貿易は、今やペテルブルクにもっていかれた。……スウェーデンは、われわれの臣民の貿易をけっして独占することはできないだろう。なぜなら、彼らの手にある諸海港は、そこから商品を出すとしても、ただ通路にすぎず、その生産や製造の場所はそれらの諸港の背後、ツァーリの領地にあるからである。しかし、もしこれらバルト諸港がツァーリに委ねられると、もはや通路ではなくツァーリ自身の領土の内陸地方からの特殊な倉庫となる。既に、白海のアルハンゲリスクを有しており、彼にバルト地方のどこかの海港を委ねることは、その手にヨーロッパのすべての海軍軍需品の二つの総倉庫の鍵を渡すことにならざるを得ない。デンマーク人、スウェーデン人、ポーランド人、プロイセン人は、それぞれの領内に、これらの商品の個別部門を持っていることが知られている。もし、「われわれがそれなしではあり得ないものの供給」をツァーリが独占することになるならば、その時、われわれの艦隊はいったいどうなるのか。あるいはまた、地球のほかのどの部分にわれわれのすべての貿易にとっての安全はあるのか」。

そこで、イギリス商業の利益がツァーリをバルト海から排除するように求めるならば、「わが国の利益は、この企図を早めるべく拍車をかけることにならざるを得ない。わが国家の利益として私が理解して欲しいのは、内閣の党派的対策でもなく、宮廷の対外的動機でもなく、まさしく王室の安全、安心、威厳、あるいは報酬にとって、あるいはそれと同様に大ブリテンの共同の福利にとって、直接的に関連し、かつ今後とも関連すべきものである」。バルト地方に関しては、「われわれの海軍力の最も早い時期から」、つねに国家の根本的な利害が考慮されてきた。それは第一に、いかなる新しい海洋列強の興起も阻止すること、そして第二に、デンマークとスウェーデンの間の力の均衡を維持することである。

「当時の真にイギリス的な政治家の知恵と先見の一例は、一六一七年のストルボヴォの和約である。ジェイムズ一世は、条約の調停者であった。この条約によって、モスクワ国家は、当時バルト地方に所有していたすべての諸州をあきらめ、辛うじてヨーロッパのこちら側の内陸勢力とならざるを得なかったのである」。

バルト地方において新しい海軍力が生まれるのを防ごうとする同じ政策は、スウェーデンとデンマークによってもとられた。

「ポメラニアにおいて海港を得ようとの皇帝の試みは、オーストリア王家の深部にまでも彼の武器を持ち込もうとする大グスタフにとって、ほかのどんな動機よりも重要であったことを、誰が知らないというのだろうか。カール・グスタフ〔絶対主義の強化を図ったスウェーデン王〕の時代、ポーランド王室自身に何が起こったのか。ポーランド王室は、それらの時代に、どの北方列強よりもはるかに強力であり、当時、バルト海に長い海岸線といくつかの港を持っていたのだ。デンマーク人は、当時ポーランドと同盟していたが、たとえスウェーデンに対抗しデンマークを援助するためであったとしても、けっしてポーランド人がバルト海に艦隊を持つことを許そうとせず、どこで彼らに出会おうともポーランド船を破壊したのである」。

バルト地方の既存の海軍国家の間の勢力均衡の維持に関しては、イギリスの政策の伝統ははっきりしている。「スウェーデンの権力が、デンマークを制圧すべく脅しをかけることによって、われわれにある困難を与えている時」、わが国の栄誉は、当時の勢力均衡の不平衡を挽回させることによって保たれた。

イングランド共和国は、バルト海に小艦隊を派遣した。それは一六五八年、ロスキルド条約をもたらし、その後コペンハーゲンで批准された（一六六〇年）。ウィリアム三世の時代、デンマーク人によって掻き立てられた藁の火は、コペンハーゲン条約においてジョージ・ロックによって速やかに消された。

これが伝統的なイギリスの政策であった。

「この時代の政治家たちの心には、天秤の皿を再び正常な状態に戻すために、バルト海におけるより正しき均衡を創り上げるべく、第三の海軍国を育てる便法を見つけ出そうとは思いつかなかった。……その商人たちが君侯であり、悪徳商人たちが地の誉れであるような栄華の頂点にある都市、ティルス〔ここではイギリスのこと〕に対して、誰がこのような忠告をするだろうか。だが、誰も私に怒りを向けないように、その事件に公開で意見表明を拒否する人びと以外、私はここで誰の名前も挙げたくない。

後世の人は、これが現在の権力者の仕業であるということ……われわれがサンクトペテルブルクをツァーリのために、われわれ自身の費用で、かつツァーリに何のリスクもなく明け渡してやったと信ずることは、相当難しいであろう」。

最も安全な政策路線は、ストルボヴァ条約にかえり、もはやモスクワ国家がバルト地方に巣くうのを許さないことである。それでも「現状においては」、「モスクワ国家の力を最も容易な時に、抑制しなかったことによって失われた優位性を取り戻すことは難しい」だろう。中間のコースは、より便宜的なものであろう。

「もしわれわれが、モスクワ国家はすべてのヨーロッパの君主のうち、外国市場にその産物を出すことによって、最も利益を受ける国なので、そのモスクワ国家がバルト海に入り口を持つことがわが国の福利と矛盾しないと理解するならば、この場合、他方では、われわれがツァーリの国の進歩のために、その利益になるように、従来通り応じる見返りとして、ツァーリ陛下の方では、相手を妨害するようなことはなにも要求すべきではないし、したがって貿易船に満足して、軍艦を求めるべきではないと期待するのは妥当なことであろう」。

「かくして、われわれは、内陸勢力以上でありたいとする彼の希望を阻止すべきであるが」、しかし「ほかのどの主権君主が期待するよりもひどいとの、ツァーリの扱いに対するあらゆる異議を未然に防ぐべきである。私は、これについて、ジェノヴァ共和国の例や、他のバルト地方自身の、クールラント公の例を挙げないで、ポーランドやプロイセンの例を挙げたい。両者はともに、今や王冠を戴いているが、ずっと艦隊を主張することなく、交易の自由で満足している。あるいは、トルコとモスクワ国家との間の、ファルチン条約〔プルト条約〕でもよい。それによって、ピョートルはアゾフを返還し、これらの部分における彼のすべての軍艦を手放すだけではなく、黒海における単なる交易の自由で満足せざるを得なかった。貿易のためのバルト海における入り口ですら、彼のスウェーデンとの戦争の結末の、まだそれほど前ではない頃、彼が実際に誓うことができたところをはるかに超えている」。

もし、ツァーリがそのような「和解的気質」に合意することを拒むならば、われわれは「大ブリテンに有利なように、われわれが自由にし得るすべての手段を行使して、彼を講和に従わせるべく尽力し、われわれが失った時間以外には、何ら後悔しないだろう」。戦争は不可避になるだろう。その場合、

「海軍技術は、われわれの教育訓練に負っており、その偉大さはわれわれの寛容に負っているモスクワ国家のツァーリのごときが、数年前にはオスマン政庁となれ合わざるを得なかった条項について、大ブリテンに対してたやすく拒否するということは、すべての誠実なイギリス人の胸に怒りの火をつけると同様に、われわれの内閣が現在の方策を遂行するよう鼓舞すべきである」。

「スウェーデンに対して、モスクワ国家がバルト地方でスウェーデン王からもぎ取ったこれらの諸州を取り戻させることは、どの点からみても、われわれの利益である。イギリスはモスクワ国家を海洋列強に引き上げたので、大ブリテンはもはやこの海域で決定権を保ち得ない。……われわれが、ウィリアム国王とスウェーデン国王との間に結ばれた同盟の条項を実行しておいたならば、あの勇敢な国民は、いまでもずっと、ツァーリが海に出るのを妨げる十分強力な障害となったであろう。……モスクワ国家のバルト海からの追放が今やわが内閣の主要な目的であることを、時間がわれわれに確証させるに違いない」。

解説

福本勝清

本書は、マルクスの『一八世紀の秘密外交史』および、そのドイツ語版（一九八一年）に付されたウィットフォーゲルの序文の翻訳である。

本書の編訳者である石井も福本も、ともに中国研究者であるが、その中国研究者がなぜ、本書を刊行するに至ったかについては、この解説の半ば以降で述べることになるが、ここでは、歴史と専制主義の抜き差しならない関わりについての危機意識の存在を挙げなければならない。それは、目下、問題となっているロシアとウクライナをめぐって存在するばかりでなく、われわれを取り巻く東アジアにおいても同じく存在する。しかも、その危機は一時的なものではなく、今後、長期にわたって存在し続けるものである。そのような東西の専制主義の絡み合いの起源を明かすものとして、マルクスの本書があるとわれわれは理解している。

ウィットフォーゲル序文でも触れているが、『一八世紀の秘密外交史』は、一八五六年から五七年にかけて、アーカート（David Urquhart）の新聞に『一八世紀外交史の内幕』（*Revelations of the Diplomatic History of the 18th Century.*）として——一度目は『シェフィールド・フリープレス』に部分的に、二度目は

『フリープレス』に全文――掲載されたものである。原文は英文である。単行本としては、マルクスの娘エリノア・マルクス（Eleanor Marx Aveling）とその夫エドワード・エーヴリング（Edward Aveling）により編集され、『一八世紀の秘密外交史』（*Secret Diplomatic History of the Eighteenth Century.*）のタイトルで、一八九九年に出版されたが、いずれも長く入手困難であった。第二次世界大戦後ようやく、イギリスのほか西欧各国で出版されるようになり、日本語訳も、一九七九年、石堂清倫の翻訳によって、三一書房から出版されている。

フリープレス版とエリノア版の相違は、タイトルのほか、前者は五章構成、後者は六章構成であることと、エリノア版は、ノヴゴロドの解体を要求したイヴァン三世が実際にノヴゴロドを征服し、他の諸公国をも制圧し、専制国家＝モスクワ国家の基礎をつくる一段（本書第五章末尾）の叙述を削除したことである。章構成については、ウィットフォーゲル版（一九八一年ドイツ語版）がフリープレス版を踏襲しているように、現在のインターネット上の諸版も多くはフリープレス版に依っている。それに対し、石堂版は、章構成についてはエリノア版に従うとともに、削除部分については、フリープレス版に従い、削除をおこなっていない。本書は、この石堂版に従っている。というのも、エリノア版第四章はイギリス・スウェーデンの防衛条約（一七〇〇年）とその釈義のみからなっており、それをフリープレス版のように第三章の一部（後半部）とするより、第四章として独立させた方が、理解しやすく、合理的であると判断するからである。

前述の日本語訳『一八世紀の秘密外交史』の石堂清倫の序文によれば、マルクスは「この論文を二〇ボーゲン、すなわち三二〇頁位の分量で書くつもりであったが、発表されたのはその四分の一の五ボーゲン、しかもそれは「序論」であって、本論がどんなものに展開することになっていたかまったくわからない」とあり、本論の著述が実現しなかったことを、とても惜しがっているが、実にその通りであると言わねばならない。なぜなら、本書は紛れもなく、マルクス自身による専制国家論を志向したものだからである。

なぜ、この著作が長く入手困難であったのかは、マルクスの本文を読んでもらえば、すぐ理解していただけると思われるが、とりわけ本文に充ちている反ロシア的な描写の問題がある。それが二〇世紀社会主義の最高指導者スターリンの神経を逆なでして、マルクス・エンゲル全集にさえ採録されなかった理由でもあるといわれている。すなわち、本書の存在は、マルクス・エンゲルスなど社会主義文献の収集者であり解説者であったリャザノフには既に知られており、そこからすれば当然全集に収録されてしかるべきものであった。また、そうでなければ全集と銘打ってはならないはずであった。さらに、二〇世紀中葉以降、西欧各国で出版が続いた後においても、社会主義諸国では、単行本としてすら発表されることはなかった。だが、再度本文を仔細に読んでいただければ、マルクスの反露感情に見えるものは、決してロシア人そのものに対してではなく、その国家が有している専制主義に対してであったことがわかるはずである。それゆえ、その後、専制国家ロシアに対し絶望的なほど厳しく苛酷な闘いを挑んだナロードニキ、とりわけ人民の意志派に対し、マルクスは、ナロードニキの思想に対し大いに批判的であったとしても、その活動への共感や支持を惜しまなかったのである。

「科学的社会主義」の創始者として、マルクスが資本主義を主要な敵として、その理論的解明に生涯を傾けたことは周知の事実であるが、だが、マルクスは資本主義を積極的に止揚せんとしていたのであり、単なる唾棄や廃棄の対象としたのではなかった。それに対し、マルクスが最も憎んでいたものこそ、専制主義であった。

一八五〇年代、資本主義研究を続けていたマルクスは、資本の文明化作用を阻むアジア的社会の研究から、東洋的専制主義を発見する。本書が発表されたのは、一八五六年であった。つまり、クリミア戦争の終結の年である。一八五三年、マルクスがインド論を含む時事問題に関する記事を、アメリカの『ニューヨーク・デイリー・トリビューン』紙に寄稿していたと同じ時期、クリミア戦争が勃発する。クリミア戦争は、一九世紀最大の戦争であり、死者（多くの傷病死者を含む）は、おおよそ、ロシア五十万人、フランス十万人、イギリス二万人であった。ロシア軍において、上官たちは「わずかな手柄を立てるために膨大な数の兵士の命を惜し気もなく犠牲にし……、農民出身の兵士の安全など気にもかけなかった」（ファイジズ 二〇一五）という点において現在と全く同様であった。それに対し、フランス軍においては市民革命後、軍隊内の体罰は禁止されており、「戦場で規律と能力を維持するためには小規模な戦闘単位が決定的に重要な役割を果たすという原則」（前掲書）を確立しつつあった。この両軍の相違は、現在のロシア・ウクライナ戦争にもほぼ体現されている。

マルクスの一連の『ニューヨーク・デイリー・トリビューン』への寄稿は、主に西欧列強の動向、なかでもイギリス外交の動向とその現状分析が中心であった。マルクスは、クリミア戦争勃発後、軍事に詳しいエンゲルスの報道解説に触発されつつ、ロシアへの関心を深めていく。その中で、ウィットフォーゲル序文でも言及されているように、大英博物館において、一八世紀の英露関係の外交文書を「発見」する（「一八五六年二月一二日、マルクスからエンゲルスへの手紙」）。そこから、マルクスは従来のイギリス外交が、一貫して専制君主ツァーリのロシアが強大になることを助けてきたことを知る。

ヨーロッパの革命運動にとってニコライ一世（在位一八二五〜一八五五）のロシアは、保守反動の後ろ盾として、大陸の秩序維持にのぞみ、「ヨーロッパの憲兵」と称された。マルクスやエンゲルスにとっても、ハンガリー革命が一八四九年、ブダペストに派遣されたロシア軍によって鎮圧されたことは、記憶に新しいことであった。

強大化したロシアが、さらに南方に手を伸ばし、古い専制国家オスマン帝国を圧倒し、バルカン諸国へ、黒海から地中海へ、あるいは中近東およびペルシアへとその支配と影響力を拡大させせんとするに至って、慌てたイギリスは、日頃はライバルである列強フランスとはかり、オスマン朝を後押しし、その侵攻をクリミアで食い止めることに成功する。オスマン朝の衰退およびクリミア戦争におけるロシアの敗北により、西欧列強にとり専制主義は、彼らの東方進出にとって当面の脅威ではなくなったかもしれなかった。

だが、ポーランドを含め、ロシア専制主義の圧制に苦しむ民衆の苦境になんらの変更はなかった。ロシア専制主義はヨーロッパの革命運動にとってばかりでなく、ヨーロッパの市民的な自由にとっても、脅威であったし、かつ依然として脅威であり続けていた。

西欧列強はヨーロッパを舞台に様々な合従連衡を繰り広げてきた。イギリスは北欧諸国を牽制するためにロシアを、自らの外交的な利益のために利用してきた。その結果、ロシアの強大化に力を貸すことになった。専制国家は彼らから遠い限り、利用価値のある存在であった。だが、それはヨーロッパ諸国の市民的自由を犠牲にしてのことであるとマルクスは警鐘を鳴らしているのだ。そしてさらに、そのロシア的専制の起源に東洋的専制があること、それゆえ他のヨーロッパ諸国の独裁とは質的に異なるものであることを明らかにするものであった。

本書の序文は、上述のごとくウィットフォーゲルが一九八一年ドイツ語版に付したものだが、彼が大著『オリエンタル・デスポティズム』を刊行したのは一九五七年であった。第二次世界大戦後、ソ連の東欧支配が進められ、さらに中国、朝鮮、ベトナムなどアジアにおいて、いわゆる共産圏が拡大し、かつ一九五〇年代、朝鮮およびベトナムにおける社会主義陣営と自由主義陣営の間に戦火が交えられ、数年の戦いを経てようやく停戦が実現している。

ドイツに生まれ社会主義者として育ったウィットフォーゲル（一八九六〜一九八八）は、一九二〇年代後半以降、コミンテルンの中国専門家として知られるようになる。『中国の経済と社会』（一九三一年）は、マルクスのアジア的生産様式論に基づく中国研究であり、その浩瀚な研究は当時、マルクス主義者以外からも、高く評価されたものであった。ナチスの政権獲得後、一時投獄されるが、釈放後、アメリカへ亡命し、国籍を取得する。一九三九年八月のモロトフ・リッベンドロップ協定の成立後、マルクス主義陣営から距離を置くようになり、とくに第二次世界大戦後の共産圏の拡大に対しては危機感を持ち、反ソ的傾向を顕著に表すようになる。一九五七年の大著は、戦前のそれと同じくアジア的生産様式論を理論的な基礎としつつも、ソ連、中国などの社会主義を、東洋的専制が復活したものであり、共産主義と称するものは赤色全体主義にすぎないと強く非難するものであった。

彼は、スターリン統治下のソ連を専制的なものと見なした。スターリン体制における中央集権的な党官僚機構による政治支配、農業集団化に象徴される「社会主義」とは、ロシアの旧社会に内在したアジア的性格が復活したもの、すなわちアジア的復古であった。

彼の主張は、一部の反共派の関心をかったかもしれないが、当然、世界の社会主義者、マルクス主義者の大きな憤激を誘うとともに、その批判の十字砲火に晒され、背教者とされるに至る。

実は既に、マルクス『一八世紀外交史の内幕』(フリープレス版) のコピーを入手していたにもかかわらず、ウィットフォーゲルはその大著執筆の時点では読んでおらず、その内容を労作に生かすことはできなかった。かつ、彼の労作は、マルクスはそのアジア的生産様式論を専制主義批判へ徹底することができず、それゆえ社会主義における専制主義復活を許すことにつながったとマルクスをも批判するものであった。もし、読んでいれば、少なくともマルクスのアジア的生産様式論の原意が、自己のそれと同じく専制主義批判に貫かれていたことを理解したはずであった。また、労作の書き方も、その反共主義的内容ゆえに当面は望めないとしても、ロシア・マルクス主義 (マルクス・レーニン主義) の信奉者以外のマルクス主義者にも受容可能なものにする努力はしたはずである。本書冒頭の一九八一年のドイツ語版序文は、その反省を込め、本来のマルクス主義的な文脈に沿って書かれており、十分にその役割を果たす内容となっている。

そして、本書は、二〇二二年、ロシアのウクライナ侵入によるロシア・ウクライナ戦争の勃発を契機として刊行される。プーチン政権の性格に関しては種々の議論がおこなわれており、権威主義的独裁やファシズム、あるいは帝政民主主義（中村逸郎）などによる規定も存在する。だが、ペレストロイカによる混乱とソ連の崩壊（ゴルバチョフ期）およびその後の民主化の挫折（エリツィン期）を受け二〇世紀末に登場したプーチンが二十年余の時間をかけ、忍耐強く積み重ねてきた権力の集中が、議会や選挙といった近代的な装いにもかかわらず、いずれにせよ、ツァーリ専制（ロシア帝国）や書記長専制（ソ連）といった過去の専制体制の遺産、専制へと傾斜させるもの（専制の轍）に助けられ、かつ過去の国家的威信を回復するとの目的を目指して、それに助長されてきたことは間違いない。

今回の戦争の直接の発端はやはり、プーチンのクリミア占領を欧米諸国が黙許したことにあろう。ウィットフォーゲル序文が述べているように、「西側の愚かな無関心な政策」が、ソ連とナチスによるポーランド分割を許し、戦後におけるソ連陣営による東欧の乗っ取りを可能にしたように、今世紀においてもなお、列強の黙許が、旧専制国家の再専制化を助け、その周辺諸国への横暴を可能にしているのである。

二　ロシア、半アジア的社会

ウィットフォーゲル『オリエンタル・デスポティズム』は、東洋的専制主義をソ連および中国など社会主義国家の基底に見出すものであった。マルクスにせよウィットフォーゲルにせよ、彼らは、東洋的専制主義の基礎をアジア的生産様式に求めており、その根底、そのアジア的生産様式の物質的基礎の中核には、主として、大規模水利事業が存在した。ここまでくると、誰もが思うであろう。ロシア社会のどこに、あるいはロシア史のいずれの時期に、そのような物質的基礎を認めることができるというのだろうか、と。それゆえ、アジア的生産様式を、あるいはまたアジア的生産様式の影響を、ロシア史に見いだせるかどうかは、大いに議論の余地があるところの問題である。

『オリエンタル・デスポティズム』（一九五七）において、モンゴル以前のロシアは水力世界の亜周辺的地帯に属するとされている。水力世界＝水力社会とは、後期ウィットフォーゲルに固有の概念であり、大規模水利事業を物質的基礎として成立する社会であり、これも彼独特の用語であるが、「社会よりも強大な国家」＝専制国家をその特徴とする。つまり、モンゴル以前のロシアは、彼のアジア的生産様式論＝「水の理論」の分類において、きわめてマージナルな存在であったのである。

ロシア社会の専制化は、具体的には、バトゥ麾下のモンゴルの来襲と、キエフ・ルーシに由来する諸公国の敗北、ゾロターヤ・オルダー Zolotaya Orda（金帳汗国）へのロシア諸公国の従属、つまりジュチ・ウルスの属国として、その後二百年余のタタールのくびきのもとでのロシア社会の変質によって進行したものである。タタールのくびきのもとでの、ロシア諸公国の変質、とくにモスクワ国家の専制国家への転質については、本書におけるマルクスもウィットフォーゲルもこの仮説に立っている。ウィットフォーゲルによれば、タタールのくびきのもとにおいて、水力世界の周辺部に組み込まれ、その圧倒的な影響のもと、モスクワ大公国は軍事編成と財産的所有形態を、東洋的専制主義に適合的なものに転質させていった、ということになる。モンゴル帝国に関する東洋的専制主義について、ウィットフォーゲルは、遊牧農耕両社会の支配者であった遼（契丹）の役割を強調し、遼によって統合された統治法、政治制度および軍事組織がモンゴルに継承されたとしている。

われわれもまたマルクスおよびウィットフォーゲルの、タタールのくびきのもとでのロシア専制主義起源についての仮説を支持する。われわれは、それを二〇世紀後半に従属論や世界システム論とともに流布した接合論的な視角から捉える。つまり、アジア的生産様式に基づく東洋的専制国家の支配のもとに、その周辺的な社会構成として長期にわたり組み込まれた、元来がプロト封建制的なロシア社会の、漸進的な転質、専制化である。

だが、これを歴史研究において実証するのは難しい。その最も大きな理由は、依拠すべき史料の絶対的な不足であるように見える。モンゴルの命によっておこなわれたはずの人口調査、あるいは貢納あるいは徴税に関する史料が、ほぼ欠けている。当然土地制度の詳細も不明である。バスカークやダルガチなどを配する政治機構に関しても史料が少なく、その概略についても不明な点が多い。

それにもまして、筆者が注目したいのは、歴史意識の問題である。具体的には、モンゴル支配期におけるロシア年代記の性格である。残された史料がわずかである以上、歴史研究は年代記に頼る部分が大きくなるが、その年代記もまた特異な性格を有する。この時期の年代記の作者たちはルーシがモンゴルに征服されたこと、主権を喪失したことを認めなかった。征服などなかったかのように年代記を書いた。もちろん、現実は隠しようがなく、諸公は、自らの統治を認めてもらうため、バトゥの本営サライを訪れ、時にはカラコルムまで旅をしなければならなかったが、それらについてはそのまま記述している。貢納あるいは徴税についても、サライの命に応じざるを得ず、それに従ったことが書かれてある。ただ、「ルーシの著述家たちはモンゴル時代のできごとを、キエフ時代の間にできあがった思考の枠組みの中で、本当の征服が一度も起きていないあの過去の時代からの語彙を使いながら、記録した」（ハルパリン二〇〇八）。

ロシアの年代記作者は、ここで一つの歴史選択をおこなっている。歴史の書き手を支えている聖職者や諸公もそれを支持している。その選択は、どのような史料を残すかに影響を与えることになる。選択された歴史記述と合わない史料はもし幸運にも残っていたとしても、それを後代に残そうとはしなくなる、史料が残る確率はいっそう低下するだろう。

ここは、残念ながら、マルクスやウィットフォーゲルの仮説の実証がいまだ難しい以上、ハルパリンが言うように、モンゴル専制の影響はきわめて大きかったけれども、また、ロシアはその制度を借用したかもしれないけれども、西欧における絶対主義が西欧内部の発展の結果であったように、モスクワ国家の専制化もロシアの内的発展の結果として解明しなければならない、ということになろう。ともあれ、実証的研究の進展を待ちたい。

歴史ある民族には、規範となるような国家像がある。国家の範型ともいうべきものの存在である。たとえば、中国史においては、たしかに政治のあり方としては堯舜三代の治世が理想とされているが、国家としては秦漢帝国が一つの範型となっている。それゆえ、五胡十六国・魏晋南北朝期、あるいは五代十国期においても、つねに強大な統一国家への復帰が図られた。すなわち、分裂は国家の範型に反するのである。

ロシアにおいても、国家の範型は存在する。プーチンがピョートル大帝に言及する時、この国家の範型（帝国）に触れているのだ。タタールのくびきが終わりを迎えつつあった時、そのような範型として、ルーシ諸公の前には、何があったのだろうか。おそらく、タタールのくびき以前の政治システムは、彼らがその後を生き抜くには弱すぎて、それをその後の国家の範型とすることはできなかったのだろう。それゆえ、モンゴルの支配から離脱する歩みは、あらためて国家の範型を創り出す歩み、彼ら自身の政治システムの専制化への歩みでもあった。

彼らが、金帳軍団の前に惨敗を喫し、その支配のもとに屈した時、彼我の軍事力に大きな違いがあり、敗北はやむを得なかったとはいえ、遊牧民族から人民を守るという統治の根拠の一つを失ったと云える。属国の地位に甘んじているとはいえ、彼らは統治の根拠を見つけなければならなかった。それは、西側からの、カトリック勢力から正教の世界を守ることであった。アレクサンドル・ネフスキーが、スウェーデンやドイツ騎士団などの侵入者を撃退した時、それは実現した。東側からの苛酷な支配に耐えながら、西側の攻撃から正教世界を守ることが、タタールのくびきのもとで生き抜くルーシ諸公の新たな戦略であり、その後の彼らの歴史選択に決定的な影響を与えるものであった。正教世界の防衛は、カトリックと正教の分岐が深まるとともに、また、ビザンツ国家の衰退・滅亡とともに、より強く意識されるようになる。

モスクワ国家は、内に向かっては、モンゴル統治を代理し、その収取システムを取り入れ、実力を蓄え、大公に、あるいはツァーリに権力を集中しつつ、東側・南側からの遊牧民族の圧力を押し返し始める。西側に築いた高い壁と、東側・南側からの圧力を強く押し返す運動のあいだに、広大な領土が広がっていく。

キプチャク・ハン国（金張汗国）の衰退は一五世紀後半には明らかであった。だが、一六世紀前半、キプチャク・ハン国の滅亡後も、いくつかの後継ハン国が残存し、かつなかでもクリミア・ハン国は強力であり、アストラハンやカザンなど諸ハン国滅亡後も、なお勢力を維持し、一七世紀においても依然としてロシア南部への襲撃を繰り返していた。

それらモンゴル諸ハン国に対峙しつつモスクワ国家もまた、それらと同じような君主への権力の集中をはかることになる。権力の集中に最も有効な施策は、臣下の土地所有（世襲地）への権利の制限であり、国家あるいは君主への奉公・勤務を土地所有に結びつけることであった。

キエフ・ルーシ以来のロシアの大貴族層ボヤーレは、世襲地については、その完全な所有権を有していた。このような世襲貴族は、仕える君主を変えたとしても、その世襲地については、前の君主に没収されることはなかった。ところが、モンゴル支配下の東ロシア（とくにモスクワ大公国）において、勤務貴族化が進むにつれ、その領地が公への勤務によってもたらされたものと見なされるようになり、君主を変えた場合、世襲地さえ没収されるようになる。つまり、貴族たちは、大公への忠誠に励む以外に、所領を守るすべはなくなったのである。オストロウスキは、一三七五年、モスクワ大公ドミトリー・ドンスコイがトヴェーリ公国に転じた臣下の所領（estates）を没収した例を挙げ、モンゴル人たちが持ち込んだ、すべての土地は君主に属するという中国の原則が、既にモスクワ大公によって採用されたと述べている。ベルナツキーも、一五世紀末には、従来の貴族たちは「自分たちの足元を支えていた硬い岩が砂に変わったことを知った」(『モンゴルとロシア』)と述べる。

君主への奉仕・勤務を臣下の土地所有への権利に結びつけること、この原則はピョートル大帝期に最も徹底して実施されることになる。貴族であっても、皆、軍務など国家に勤務することが土地所有の条件となった。まさに、モンゴルから借用したはずのものが、自ら自身のものになったのだ。その後、勤務条件が緩和されたり、貴族の土地所有が認められたりしたが、基本的な趨勢としては変化することはなかった。ピョートルは、そのような貴族・士族からなる軍をもって北欧の雄であるカール十二世率いるスウェーデン軍を破り、その勝利の上に、当時、神聖ローマ皇帝しか皇帝が存在しなかったキリスト教世界において、皇帝を戴く帝国を新たに出現させることになった。範型の創出であり、プーチンにとってピョートル期のロシアこそが、本来の国家の範型として想起されるべきものであった。

だが、重要なことが忘れ去られている。農奴制の問題である。専制を育んだモスクワ国家、それを完成させたピョートルの国家は、農民の多大な犠牲によって成立していたことを。国家のために勤務する貴族・士族は、その領主所有地経営のために、彼らが国家に奉仕するように、農民もまた彼らに奉仕することを強く求めた。とくに農民の土地を去る自由を制限することを、最終的にはその自由を禁止することを国家に要求し、認められていく。土地に縛りつけられた農民、農奴制の成立であった。

国家の範型として成立した、専制こそロシア国家の本来のあり方であったとする観念は、強固なものであった。この観念を支持したのは専制の当事者(専制君主)や専制政府の担当者ばかりではない。支配階級を構成する貴族・士族もそれを支持した。また、本来は政治に関わりをもたない農民もまた、漠然とではあるがそれを支持した。農民たちは、自らの困窮の解放者として、よきツァーリの出現を望んでやまなかったのである。

タタールのくびきのもと始まったロシアの政治システムの専制への歩みは堅固であったとはいえ、その後、幾度か非専制化の機会が訪れている。だが、非専制化の試みはいずれも失敗に帰している。一度目は、一七世紀初頭のスムータ（動乱）と呼ばれた時期であった。リューリク朝の断絶を継いだボリス・ゴドノフ政権末期以後の、打ち続く混乱は、ゼムスキー・ソボール（全国会議）におけるミハイル・ロマノフの選出によって一応の終止符が打たれる。貴族や聖職者に懇願されやむなく登壇したミハイルはしばらくの間ゼムスキー・ソボールを年毎に開催していたが、政権の安定に従いそれも途絶える。貴族や聖職者が「身分制議会」としてそれに依拠しようと試みることもなかった。

二度目は、一九一七年、二月革命によって、ロマノフ朝の統治に終止符が打たれ、臨時革命政府によって、いわゆるブルジョア的改革が試みられた時期である。結果は誰もが知っているように、この試みを挫折させたものは社会主義革命であり、その革命もわずか十年余の後、書記長スターリンのもと専制が復活する。三度目は、まだ記憶も新しい、ゴルバチョフによるペレストロイカに始まる改革と混乱の時期であった。今回は、選挙による議会と大統領制、そして経済改革と、非専制化を超え、民主化への歩みが期待されたが、二〇世紀末の一〇年の挫折を経て登場したプーチン政権において、その政権の安定化は独裁化と同義語であった。対外戦争は独裁者の権力伸長を加速する。今回の対ウクライナ戦争は、独裁者にとっても、独裁者を戴く国民にとっても、また周辺諸国にとってもきわめて重要である。なぜならば、ロシアの独裁者には専制への道が開けているからである。今もなお、専制の轍が強く残っていることに留意せざるを得ない。

三　ウクライナの歴史選択

タタールのくびきのもと、ロシアの専制国家への歩みが開始されたが、ロシアの道とは区別されたウクライナの歴史の歩みも、この時期しずかに始まっている。バトゥの軍団によりキエフが陥落（一二四〇年）、その後キエフは衰退する。ウクライナの地はキエフも含めて、ポーランドおよびリトアニアに征服され、ウクライナにおけるタタールのくびきは終わりを告げる。

ウクライナには南流する大河が多いが、河川流域の森林地帯に逃げ込んだ逃亡農民からコサックが生まれる。河川の中洲などに要塞を設ければ、周囲の森林もあって、安全を期することができたからである。彼らはタタール系コサックとの対抗から騎馬を覚え軍事技術を習得し、自らを戦闘集団へと組織し、タタールを襲った。彼らの集会がラーダであった。その強力な武力ゆえに、ポーランドの傭兵としてしばしば使われることになった。

一五六九年、ルブリンの合同により、リトアニアとポーランドは国家として連合し、ポーランド・リトアニア国家（ポーランドによるリトアニアの併合）が成立する。イエズス会を中心としたカトリックによる攻勢が一段と強まり、一六世紀末、ウクライナの正教徒の一部はカトリックと合同することになる。典礼は正教に従うが、聖職者はローマ教皇の叙任に従う東方帰一教会（ユニエイト）が生まれる。正教徒にとっては教会の分裂であった。

イエズス会からの圧力に対抗し、一六三四年、キエフ神学校が設立される。ウクライナ・コサックがその保護者となり、その子弟を学生としてキエフに送り込み、コサック・エリートがこの神学校の卒業生で占められることになる。コサックはキエフの復興にも力をつくす。おそらくこれらの結びつきが、ウクライナの未来へ向けた、一つの歴史選択であったのだろう。

コサックは、その強力な武力をもって自らの政権樹立（ヘトマン国家）をはかるが、ポーランド、クリミア・ハン国、その背後のオスマン朝など周辺国家と種々の摩擦を生み、その結果、一七世紀中葉のヘトマン、フメリニツキーは、ポーランドとの対抗から、モスクワに保護を求める。それがのちの、ウクライナのロシアへの従属、最終的には併合につながることになる。やむを得なかったとはいえ、隣接する専制国家の保護下に入ることは、どのような自治が与えられようと、いずれその直接的な支配のもとに組み込まれるリスクがある。その運命がウクライナを襲うことになる。事あるたびに自治は削られ、最終的なロシアへの併合はエカチェリーナ二世統治下の一七八三年であった。また、ポーランド領ウクライナも、プロイセン、オーストリア、ロシアによるポーランド分割の結果、ドニエプル右岸の地はロシア領、ガリツィアはオーストリア領となった。

ロシア帝国に併合されたウクライナであったが、一九世紀中葉、インテリゲンツィアを中心としたウクライナ語による文学的創造およびウクライナの独自文化を見いだす動きが始まる。そのような試みは、ロシア政府による度重なるウクライナ語による教育・新聞・出版の制限もしくは禁止といった措置に遭う。あきらかにウクライナ民族の覚醒に対する弾圧であった。だが、当時ロシアに比較すれば抑圧が緩やかだったオーストリア統治下のガリツィアを中心として、二〇世紀に向け、ウクライナの民族主義は昂揚していく。

二〇世紀、ウクライナは、何度か独立を試みている。一九一七年二月革命を契機としてウクライナ・ラーダに始まる試み、一九四〇年代、ドイツ軍のウクライナ侵攻を契機とした試みはいずれも成功することはなかった。ペレストロイカとソ連崩壊を受け、一九九三年独立を勝ち得たウクライナの、最近二〇年の試みは、東部ウクライナと西部ウクライナの相克をいかに止揚するか、統一したアイデンティティをいかに創出するか、に集約される。プーチンが仕掛けたウクライナ危機は、とくに今回のウクライナ侵攻は、その解決に向けての大きな契機となるものであった。

ウクライナは、一四世紀中葉、リトアニアおよびポーランド領となった時、モスクワ国家の専制化の道から離れることになった。モスクワ国家が西側世界に対し高い壁を築きつつあった時、彼らはその壁の外にあった。彼らがポーランド・リトアニア国家から離脱し自立をはかった時、西側に壁を築いてもそれをひどく高めることはなかった。彼らが世界帝国（第三のローマ）に組み込まれた後も、西側への壁は依然として低いままであった。西側と競り合い、交渉しつつ世界帝国とは別の文明のあり方を探っていたといえる。それが第三のローマを苛立たせたとしても、彼らはそれを維持し、次第にそれを自らのもの――固有の性格――と見なしていく。彼らが「世界帝国」から離脱するということは、それは自らの国家がインターステイト・システムにおける国家として生きる道を選ぶということであった。ウクライナが二〇二二年二月二四日、ロシア軍の侵攻に対し、降伏を拒否した時、まさにその道を選んだのだ。

以上、マルクス『一八世紀の秘密外交史』各版刊行の背景について、マルクスおよび序文の著者ウィットフォーゲルの東洋的専制主義論、また本書の歴史舞台となっているロシア専制主義の起源と専制化のプロセス、さらにそのロシアとウクライナの歴史的分岐について述べて来た。

以下、われわれが最も関心を持っている中国とその歴史の考察を踏まえ、専制の特異な性格についてより踏み込んだ考究をおこないたい。

四　専制とは何か――一つの試論

天安門事件と東欧社会主義圏の崩壊の翌年、一九九〇年、われわれ――石井と福本――は、ウィットフォーゲル『東洋的専制主義』（理論社 一九六一年）の読み合わせをおこなっていた。それは前年における中国民主化の挫折――天安門事件――に、中国における専制の根強さを思い知らされたからにほかならない。その後、中国の経済発展が始まり、中国の将来に対する楽観的な予想が流布するようになっても、われわれの不安が消えることはなく、東洋的専制主義とその理論的基礎であるアジア的生産様式論を探求する努力を続けることになった。

また、一九九〇年代におけるロシアの急進的経済改革、とくにガイダルの「ショック療法」などが、改革の対象となっているロシア専制社会への認識を欠いていることに驚かされた。専制からの離脱・民主化を、冬服を夏服に変えるぐらいに認識しているとしか思えなかったからである。経済発展を通した中国やロシアの、民主化への期待も、根拠のないものにしか見えなかった。

おそらく、一九一七年以来、ずっと資本主義にとって不倶戴天の敵であったソ連が崩壊したことが、欧米の政治家、資本家、エコノミストを舞い上がらせていたのであったろう。その勝利感から、社会構造の質的相違を軽視する風潮が蔓延し、判断を誤らせたのであろう。経済発展が独裁を強化し、専制を加速させたりするとは、誰も考えなかったのだ。

東洋的専制主義の専制とは以下の特徴を持つ。それは専制の指標でもある。この指標は、より深く専制化している中国を中心に考えたものである。

① 専制と恣意

まず、専制とは恣意であるという点について、誤解を解いておきたい。専制の含意に、君主が独断で思うままに政《まつりごと》を執りおこなうとの意があることは、その通りである。だが、ここで議論している専制はそのレベルでは到底すまない問題を含む。なぜなら、専制はまず長期にわたって続く制度だからである。格好の例を挙げてみよう。魏晋南北朝時代、いずれも短命な王朝が続くが、宋（劉宋）の文帝（在位四二四〜四五三）は皇太子劉劭に暗殺され、その劉劭は皇子劉駿に殺害される。孝武帝（在位四五三〜四六四）となった劉駿は、劉劭とともにその子供四人を殺害した。劉駿の子劉子業（前廃帝在位四六四―四六六）は、一五歳で即位するや暗殺されるまでの一年半の間に、奔放に宗室や権臣を殺し続けた。殺害の連鎖は続く。明帝（在位四六六～四七二）は兄孝武帝の子一六人を殺し、後廃帝劉昱（在位四七二～四七七）は孝武帝の残された子供一二人を殺害した。残された皇族は、南斉の太祖によって一掃される。当然、南斉では前代の反省があったはずだが、その末年には、少年皇帝（東昏侯）が、在位わずか三年余の間、無軌道の限りを尽くし、かつ同族や重臣を次々に殺害していった。当然王朝は自壊せざるを得ない。幼くして殺されていった者にとっては、王家に生まれたことは不幸でしかなかったろう。恣意のままにおこなえば、実際のところ支配は維持し得ないのであり、ここまでいけば、君主の側近や寵臣にとってですら望まない事態であろう。すなわち、われわれが中国歴代王朝という場合の専制は、制度として長期にわたり維持されるべく、さまざまな仕掛けがあり、幾重にも修正を重ねたものなのである。たしかにそこでも君主の恣意は発生する。だが、専制制度は、それを超えて維持される。

②　単一権力社会かどうか

専制主義は専制国家に体現され、専政（専制主義的政治）は専制君主によって執行される。専制であるゆえんは権力が一極にしか存在しないからである。ただ、言葉のうえで専横をふるう権力を専制と呼ぶ場合がある。日本史のうえでも、得宗専制、義教専制、有司専制などいくつかある。だが、それぞれの専制の時代、他にも権力が存在した。それでも専制と呼ぶのは、諸権力の中でそれが目立っていた、権力行使が他より際立って見えたというにすぎない。それに対し、スターリン専制の時代、真に権力を揮っているのは彼だけであり、その他の権力者は最高指導者スターリンの権力を代行しているにすぎない。他の指導者はいかに地位が高くとも、スターリンの政治意志に反しては何事もなしえなかった。さらにスターリンは、明代の専制と同じく、強力な懲罰装置（秘密警察）でもって幹部および人民を統制していた。誰も逆らうことなどできなかった。

それに対し、西欧の絶対君主は多元的権力社会における独裁者であった。彼らをも専制君主などと呼ぶ場合がある——たとえば啓蒙専制君主のように。だが、それはさきほどの日本の場合におけるように、独裁の言い換えにすぎない場合が多く、ほとんどの場合、東洋的専制主義における専制とは異なる。

多元的権力社会の独裁者は、種々の権力の対立・均衡の上に超然と権力を揮うところに特徴があり、王権神授説を唱える絶対君主であっても、それは下位の権力に対し断然優位に立ったということであって、それらの権力を消滅させたということでない。せいぜいが、少し弱めた程度であるにすぎず、単一権力にはならない。それが証拠に、絶対君主の後継者が凡庸であれば、ただちに下位の権力に巻き返されてしまう。それに対して、単一権力社会ロシアの専制は異なる。ピョートル大帝とエカチェリーナ二世の間の皇帝はいずれも凡庸であったが、専制が動揺するなどということはなかった。

もっと極端なのは、明代の君主たちであって、洪武帝、永楽帝以後の君主は、ほとんどが凡庸か、無能、怠惰であった。中興の祖などといわれる孝宗弘治帝にしてもとりたてて言うべき治績もなく、並であったろう。それでも臣民にとっては喜ぶべきことだったかもしれない。宮中で生まれ育ち、宦官や宮人以外とはほとんど接触する機会がなく、帝位についても、朝見の儀のほかは、やはり宦官に囲まれて暮らす。これでは、まっとうな政策的な判断などできそうもないであろう。なかにはラマ教や道教にいれあげるもの、「戦争ごっこ」に興じるもの、ただひたすら貪欲なもの、等々、政議に与ることとすら厭う皇帝が続出した。当然、宦官・朋党（官僚）の害が顕著であった。それでもなお明朝が皇帝専制を維持しつつ、唐や清などよりほんの少し短い二七〇年あまり続いたということの方が説明されるべきことなのかもしれない。

近代に入っても、専制国家の必要が説かれた理由として、広大な国土や複雑な民族構成、遅れた民度などのために、統治は強力かつ一元的な統制によってのみ可能である、といった言い方がなされる。その前提として、たとえ国民（公民）に政治的自由が与えられたとしても、皆が勝手なことを言うだけで、国政をいかに方向づけるか、そのコンセンサスを見いだすことさえ難しい、と民衆自身が思っていることが挙げられる。専制統治下においては、民衆はおろか、貴族や官僚までもが、異なった利害をいかに一致させるか、いかに合議に至るのかなどについて、その訓練を受けることはない。それゆえ何度か選択の自由を得る機会が与えられても、ペレストロイカ後の一〇年のように、ただ混乱が続くだけで、民主化のチャンスを生かすことは難しい。だったら、一九九〇年代以後の中国のように、専制の程度を少し緩めるだけで済まそう、ということになる。人民のやる気を鼓舞し、経済活動における個人のイニシアティブを活発化させることにつながる程度の自由である。決して政治選択の自由などではない。

③ インターステイト・システムかどうか

ウォーラーステインは世界経済と世界帝国を区別する。前者は多数の政治システム（主に国家）を含んでいる。その世界経済が単一の政治システムに包括された時、それを世界帝国と呼ぶ。ウォーラーステインは、「近代以前の「世界経済」はどれも構造的にきわめて不安定で、まもなく世界帝国に転化してしまうか、まったく分解してしまうか、いずれかの道を辿った」と述べ、「ひとつの「世界経済」が五〇〇年も生きながらえながら、世界帝国に転化しなかったというのは、まさに近代世界システムの特性であった。その強靭さの秘密もまた、この特性に由来するのである」（ウォーラーステイン一九九七）と評価し、これこそ、資本主義という名の「世界経済」が繁栄し得た理由であることを明らかにする。

そこから理解し得るのは、世界帝国と世界経済のもとにある国家とは異なる、ということである。つまり、この世界システムの中に強力な国家が存在していたとしても――実際は常に存在し、中心的な役割をするのだが――その国家が世界経済を呑み込むことはないし、また世界システムを思いのままに統制することもできない、ということである。世界システムの中で、強国ができることは、自国に有利なルールを小国に押し付けることぐらいである。このような世界システムの中の国家をインターステイト・システムにおける国家ということができる。

近代国家は、完全に自律的な政治体などでは決してなかった。……国家というものは、ひとつのインターステイト・システムの不可欠な一部として発展し、形づくられたものである。インターステイト・システムとは、諸国家がそれに沿って動かざるをえない一連のルールである、諸国家が生きのびてゆくのに不可欠な合法化の論拠を与えるものである。（ウォーラーステイン 前掲書）

なぜ、近代世界システムの、その時々の中心であった、オランダ、イギリス、アメリカが世界システムを包摂する世界帝国に転化しなかったかについては、二〇世紀の戦間期のブロック経済のことを想起すればすぐに理解し得る。そのような部分的であれ、全体的であれ、包摂の行為自身が、資本主義的な世界システムの個々のプレイヤー、資本家、企業家、ビジネスマン等々の資本蓄積にとってきわめて不利だったからである。それゆえ、資本家・企業家は、国家が個人の私的な経済活動に介入しすぎることのないよう注意を怠らなかったし、政治を動かしても、あるいは他国の国家機構と手を結ぶ可能性を示してでも、それを阻止しようとした。

以上、原則として、世界経済は世界帝国と両立し得ないということを理解できる。では、この世界システムと専制国家の関わりについて、少し考えてみよう。近代以前の専制国家、とくに古代専制国家は、東アジアの中国歴代王朝のように、それぞれの地域経済全体を一つの政治システムのもとに包摂した。ローマ帝国も同様に古典古代の世界経済を一つのシステムに包摂した。だが、近代以降、専制国家は勃興・拡大し続ける資本主義的世界システムに立ち向かわざるを得ず、それにどのように対応するかを迫られた。資本主義諸国との接触を制限して、その影響を排除しようとしたとしても、長期的には、植民地化されることによって世界システムに組み込まれていく。また、長く門戸を閉ざし、世界システムに組み込まれることに拒絶し続けた清朝なども、砲艦外交などの前に、その圧力に屈服し、世界システムに組み込まれざるを得なかった。

　社会主義以後のロシアは、世界システムから離脱し、社会主義経済圏として世界帝国を再建した。社会主義の失敗や挫折の後、彼らはふたたび世界システムの枠内に戻ってきたけれども、世界帝国だった頃の記憶をなくしたわけではない。すなわち、（旧）専制国家はインターステイト・システムにおける国家にはなりきれないのである（ここでは、専制国家の崩壊後に続く非専制化の歩み、その挫折、そして再専制化のプロセスを考察しており、非専制化の時期を、（旧）を付して呼んでいる）。

　経済的な従属下にある時は、やむを得ず表面的にはそう振る舞わざるを得ないが、自らが経済強国になれば別である。これまで、専制国家が経済発展することがなかったので、このような問題に対し、専制国家も、資本主義国家も、不慣れであった。だが、現実にそれが起きた時、世界システムの中における専制国家の振る舞いが、システムと両立しないことが明白となる。今日生じている、ロシアや中国と欧米諸国との関係のねじれはまさにそれを象徴している。すなわち、ともに世界システムの中にあって、経済的なつながりが深まり、緊密になり、複雑化した時、欧米諸国は、（旧）専制国家がインターステイト・システムにおける国家へと変貌した、世界はより安全になったと考える。それに対し、再生しつつある専制国家は、ここまで関係が深くなった以上、過去の世界帝国の時代に自己の領土であった周辺諸国の一部を自国に回収しようとしたところで、欧米諸国は直接、自身の利害が侵害されない限り、それを黙認するだろうと期待する。経済を包摂した世界帝国へのチャンスはまだ残っていると考えている。

資本主義的な世界システムにおいては、個人も、企業も、また共同体や国家でさえもプレイヤーになり得る。それゆえ、世界システムにおける日々の経済運動の中で、自己が所属する国家を出し抜く企業や個人も出てくる。だが、世界システムに参加した専制国家は、そのような企業や個人のイニシアティブの発現を許さない。専制国家は、参入した世界システムのもとでも、国家・企業（官営企業・私企業）・個人のヒエラルヒーに基づく役割を維持しつつプレイする。もちろん、ヒエラルヒーの中での個々のプレイヤーの序列が、その能力や実績に応じて変動することは起こり得る。だが、そこでも勝利者は常に国家でなければならない。専制国家出自の企業が、資本主義的世界システムにおける自由な経済活動を通じて、何かしら非専制化への歩みをもたらすエレメントになり得る、などと考えることは全くの幻想でしかない、ということが理解されるはずである。

④　垂直的統制

これは、プーチンの権力集中過程においてよく使用される言葉である。だが、筆者はこれを中国の専制政治の特質を表わす言葉としても使用したい。京都学派の総師宮崎市定に次のような専制君主論がある。

中国近世の独裁君主体制の理念は君主と人民との間に特権階級が割りこむことを否定する。独裁君主の立場からすれば人民を支配するものは君主一人でなければならない。ただ人民の数が多いのに対し、君主は只一人であるから、人民を治めるためには官僚の手を借りなければならぬ。

但し官僚は君主から見て単なる手伝い人夫であるがごとく、官僚がブロックを形成して君主と人民の間に介在して特権階級化してはならぬ。天子と人民との間には長い距離がおかれるが、それは単に天子の尊厳を意味するだけであり、途中で何等妨害を受けることなしに一直線に意志が疎通しなければならぬものである。故に官僚は最も伝道力に富んだ電線であるべくして、自らが発電したり電力を消費したりしてはならぬものなのである。（宮崎市定 一九九六）

宮崎は、一応これを中国近世の理念だと述べているが、秦漢以来、専制君主はこのような体制を目指していたといって過言ではなく、多かれ少なかれ歴代王朝の専制君主に適応可能な立論である。ただ、このような宮崎の立論に対し、中国では「幇」（bang）というものがあり、官僚の誰もが仲間どうし助け合っているのではないか、庇い合っているのではないかと疑問を述べる者もいるかもしれない。

重要なことは、専制国家においては、貴顕なる者、貴族や高官の横のつながり、その活動はオーソライズされないということである。オーソライズされるとは、具体的には、近代イギリスにおけるトーリーとホイッグの活動を見ればよい。彼らの動向、その勢力の消長、政策の推移などは、当時の記録、議会や政府の文書、雑誌や新聞の記事などから、ほぼ明らかにできる。なぜなら、彼らは公然と活動し、勢力を競い、議会で多数を占め、政権を担当したからである。

横のつながりがオーソライズされないということは、公共の政治空間での政治的実践によって、横のつながりを訓練することが不可能になる、ということを意味する。つまり、横のつながりはあくまでもひそかにおこなわれるものであり、私党であり、その活動は、とどのつまり陰謀と差がなくなる。専制君主は、この臣下の横のつながりが、自分に有利な時は大目に見る。だが、君主の利害に反する時には、私党と断じて排除する。ただ、自分に有利な時ですら、臣下の横のつながりには、君主は警戒を怠らない。とくに横のつながりが、単なる相互の利害関係を超え、相互の信頼にまで進むことは、君主にとって危険である。時として、自分が棚上げされる、あるいは玉座から追われることにつながる危険性があるからである。

専制君主は臣下に誠実を求める。臣下同士のそれはあくまで、君主を介してのみあるべきであって、君主を飛び越えたものでも、迂回したものでも、あってはならない。そこに悲劇が生じる。司馬遷が友人李陵を擁護し宮刑に処せられたのも、主要にはそれが原因であろう。臣下たるものは、主上に対し最も誠実でなければならず、友人に対してであってはならないからである。

友情ばかりではない。いずれにせよ、君主の前で臣下相互の強いつながりを示すことは、臣下にとって危険である。そのような強いつながりは、皇帝の意志の執行を容易にするかもしれないが、阻む要因にもなる。君主にとって、後者の方が重要である。なぜなら、代わりの者、資格や能力のある臣下はほかに多数いるからである。

君主は、臣下相互の横のつながりがないことを好む。たとえば、「ピョートルの側近にはリューリク朝の貴族の末裔もいれば、成り上がり者の平民もいたが、皇帝は彼らを唆して、互いに反目するように仕向けた。側近たちが協力し合って反皇帝の陰謀を生み出すことを防ぐための方策だった」。「ピョートルがモスクワを離れる時には、留守中の全権を複数の側近に委任するのが常だった。側近たちを互いに牽制させて緊張状態に置き、結局は何もさせないためだった」（モンティフィオーリ二〇二一）。ただ、そのくせピョートルは、臣下たちの無能を嘆いていた。「これはピョートルからスターリンを経てプーチンに至るまで、すべての独裁者が共通して抱く不満である。彼らは恐るべき権力を独占したうえで、決定する能力がないことを理由に側近を責めるのである」（前掲書）。もし臣下たちが、ロシアの近代化という大業をなしとげるために、互いに協力し合い、相互の信頼を高めることができれば、事業成功の可能性も高まるであろう。だが、臣下が互いに信頼し、協力し合うこと自体が、専制君主の権力を侵食する可能性につながるのである。

ただ、専制君主とて、横のつながり一般を否定（制限）しなければならない、と考えているわけではない。行政上の関わりのように、それが統制下にあればよいのであり、相互の信頼に基づくものよりも、欲得づくものがよいのも、それが統制しやすいからである。

この点において、西欧の君主たちは、臣下の横のつながりをそれほど警戒することはなかったであろう。彼らは、マグナカルタに象徴されるような、臣下が相互に横につながる社会において、それを前提として君主に推戴されていた。専制国家におけるような垂直的統制は、西欧の君主にとっては、望んでも到底得られないものであった。

⑤　専制の深度あるいは革命の問題

専制体制が社会の横のつながりを削ぎ落とす程度において、専制の深度が決まるといってよい。横のつながりを否定する、あるいはそれを制限するということは、社会に深刻な影響を与えざるを得なくなる。というのも、横のつながりは、協業やそれによって生まれる相互信頼と強く関係しているからである。それらは、人間の歴史において、巨大な成果をもたらしてきた。たとえ、それが部分的であれ、阻害されるということは尋常なことではない。

当然、これに対して、専制とは政治面の現象であり、その影響が及ぶ範囲は、宮廷とか政府とか、支配階級上層に対してのみである、と主張する者もいるであろう。それは一面の真理ではある。だが、それが七百年続いたらどうであろうか。二千年以上続いたらどうであろうか。専制国家は統治形態として中央集権的官僚制をとっている。とくに重要なのは新たな中央官衙のメンバーに、社会の下層──たとえば農民──から選抜されるかどうかである。中央集権的な官僚機構は伝達装置である以上、宮廷や中央政府の支配のスタイルは、次第に下層に及んでいく。また、下層出身者が一、二代で中央官衙のメンバーとなり得るとしたら、立身出世の望む者は、上層の統治スタイルを予め受け入れる準備をするであろう。このような点において、科挙は絶大な効果を及ぼした。国家もしくは君主による選抜は、必ずしも官僚や士大夫層による朋党の発生を抑制することにはつながらなかった。だが、それでもなお、官僚どうしの横のつながりを否定し、官僚は皇帝に直結すべしとする専制君主側の論理と、皇帝との直接的な結びつきを求める個々の官僚の「忠誠競争」の原理は、専制強化のプロセスにおいて表裏の関係にあった。

横のつながりの抑制は、政治領域から社会領域へと浸透していく。支配階級において、政治領域と社会領域が区別されないことは理解し得るであろう。中国のように、文化の担い手である士大夫層が官僚もしくは官僚予備軍である場合、とくにそうである。実際のところ、朋党（皇帝にとっては私党）

に加わる士大夫たちは、皇帝専制に何らかの制限をもたらそうなどと考える者たちではない。むしろ、朋党は、どのような形で専制に参与するかを問題とし、君主自身による親政のため、宦官や外戚たちから、専制の主導権を奪うことを目指して、結ばれたのである。その点においては、君主への忠誠競争に励む官僚たちと基本的には同じ立場に立っていた。それゆえ、朋党が非専制化の試みへ何かしら寄与することはなかった。官僚層や士大夫層の朋党の組織性は、酷な言い方だが、試験官の前では容易に切り崩される、受験生の団結のようなものである。それゆえ、彼らが党を結んで非専制化への試みを始めるためには、専制国家崩壊期の到来を待たねばならなかった。逆に、再専制化が始まるやそれは急速に萎えてしまう。

では、民衆にとって、社会における横のつながりは堅固な基礎を持ち得たのだろうか。実は、専制国家のもとには村落共同体が存在しない、さらに中国では年齢階梯組織が存在しない。横のつながりは、ここでは単なる村の仲良しで終わるしかない。このような状況の中で、横のつながりを強めることは、すぐに既存の社会秩序を超えることになる。農村を出て都市に向かっても同様である。中国においてギルド・ツンフトにあたるようなものは、単なる同業組織で、実際には官の業務を代行するライトゥルギー装置にすぎない。その他各種団体も、専制国家のもとでその組織を維持するためには、ライトゥルギー装置化して生存するしかない。都市にも自治はないのだ。つまり、庶民は農村であれ都市であれ、横のつながりについて、訓練されぬまま成長することになる。

秘密結社があるではないか、という意見もあろう。だが、秘密結社が地下から地上へ姿を現したところでは、民国期の青幇のように腐敗するか、権力を握ったところでは、専制の轍に嵌り込み、再専制化するしかないことを、忘れるべきではない。

中国史において、平民出身による政権奪取（革命）の成功例が二度ある。漢の劉邦と明の朱元璋による革命である。平民出身者の王朝創出には独特の困難が伴う。なぜなら、平民出身の革命家は、唐の李世民や宋の趙匡胤のような、既に存在するヒエラルヒーに基づく中核組織を持っていないからである。それは新たに創り出さなければならない。支配者の軍隊と戦い、群雄を制すためには、まず多くの仲間を集め、それを鍛え、優れた戦略で戦い抜く以外にない。有能な部下（戦士）は多ければ多いほどよい。平民出身者である以上、最初から居丈高に振る舞っても優れた人物は集まらない。つまり、ある時期まで革命集団は横のつながりを重視せざるを得ない。領袖である劉邦や朱元璋は、部下にとって、肝が太く気前のよい兄貴分にすぎない。勢力が増し、部隊が膨れ上がるにつれ、内部を階層化せざるを得ず、上下関係も厳しくなるが、ライバルが存在するうちは、それにも限度があり、横のつながりは、ともに困難を戦い抜いた仲間の間において、形を変えて残存する。彼らが同じ社会の下層出身者であること、長期にわたる戦友であることは消しようがない事実である。政権奪取後も政権が安定しないうちは、大きな変化は起きない。だが政権の安定化とともに、有能であっても扱いづらい部下は排除される。狡兎死して良狗烹らる、というわけである。ただ、漢の場合、秦の轍を避けるべく、王朝の創立から武帝期の専制の完成まで、時間をかけたため、功臣の一掃、絶滅などといった印象は与えないですんでいる。

朱元璋の革命は、まさにその悲劇として生じた。政権樹立後、十年余、政権の安定化とともに、功臣の粛清が開始される。胡惟庸の獄（一三八〇年）と藍玉の獄（一三九三年）を頂点として、洪武帝は死の直前まで功臣を殺し続けた。前者では、その延長である李善長の獄を含め、三万以上、後者も一万五千以上が係累として処刑されたといわれる。創業の功臣ということ自体が粛清の理由であったとしか考えられない事態である。

専制国家との闘いにおいて、秘密結社、地下組織は確かに有効であった。だが、階層化を含みながらも横のつながりからなる地下組織は、権力奪取後、地上においては二つの課題を解決できなかった。厖大な、いやいや従う大衆と、押し寄せる新来のメンバーの処理である。厖大な、しぶしぶ従う大衆（農民）から、革命政権の建設と維持のために余剰を引き出すには、結局、従来の国家と同じく強制力に頼るしかなかった。

二〇世紀の革命は、理想社会（社会主義）を建設する試みであった。それは、初期における友愛に満ちた雰囲気に始まり、政権奪取以後の無慈悲な権力闘争を経て、最高指導者と呼ばれる専制君主の出現に終わった。いずれの革命も、プロレタリア独裁を専制主義と混同し、実践していた。プロレタリア独裁の中国語訳は無産階級専政である。混同は必至だった。革命が困難を迎えるたびに権力を集中させ、懲罰装置を作り出し、幹部と人民に対する統制を強化した。革命政権には、本来ならば旧政権のもとで出世を図る人々が押し寄せた。旧政権につながるものの多くは排除し得たが、労農出自は排除し得なかった。また、政権のもとには、新たに公民となった膨大な人民が存在した。党と政府を担っていたのは、古参幹部たちだったが、彼らは最高指導者の戦友でもあった。それら初期の平等を引きずった党員たちは、主張する人々でもあり、困難時の路線論争にも積極的に加わる人々でもあった。困難を乗り越えるために、最高指導者に権力を集中させようとする動きに、古参党員が抵抗し、最高指導者は彼らよりも党員歴の浅い人々の支持を求める。上からと下からの圧力に挟まれた彼らには、排除されるか、屈服するかの選択しかなかった。「運動」のたびに次々と古参党員が排除され、より下位の党員たちによってその地位が埋められるが、それを繰り返すうちに、より経験の浅いものが取って代わる。次第に最高指導者の周囲はイエスマンで埋まって行く。革命党もまた、専制の轍に嵌り込んでいく。

これらは共産主義運動史における粛清の問題であるが、専制国家の歴史においては、この種の粛清と再専制化は、新来の参加者にとって昇進出世の可能性が急速に広がる時期として意識される。

以上が、中国を中心とした専制の深さについての考察であるが、ロシアにおける専制の深度は、中国に比べれば浅いと思われる。それは、モンゴル到来以前にはプロト封建的な社会であったこと、専制化以後も貴族制が維持されたこと、そして、社会的にはミールの存在が挙げられる。貴族制は皇帝に依存したものであり、貴顕が皇帝の寵を競うのは中国の歴代王朝と同じではあるが、西欧から東欧へかけての貴族制と隔絶されたものではなく、かつ一八世紀以降、貴族がフランス語を話すことを習慣としたことなどから、貴族の意識の中に他のヨーロッパ文化が多少なりとも流れ込むことを妨げなかったことと関係していよう。貴族におけるサロンや大学におけるサークルなどは、ニコライ一世やアレクサンドル三世などの保守反動化した治世においても、制限つきながらも、存在し得たことなどは、天上帝国とは異なった側面である。

また、ミールが担税共同体であったこと（土肥恒之 二〇一六）、つまりライトゥルギー組織でありながらも、農民にとっては共同体として機能していたことも、中国農村社会との相違である。専制が横のつながりを断ち切るような程度まで深化するのは、スターリン統治下に入ってようやく到達したことがらであった。歴代王朝の時代からより下層レベルまで、政治領域から社会領域まで浸透していた中国との相違である。

五　おわりに——専制国家は死滅せず

今日の世界情勢が告げていることは、専制主義は既に過去のものと考えることはできない、という事実である。専制主義が終わったとの考えは、専制国家が劣勢であった一九世紀以降の偏見であり、今日もはや、それに従ってはならないと考える。古代以来、専制国家は常に、歴史発展に追い付いてきていた。その方法は、先進地域の征服、技術者や職人の連行、色目人（元朝）、ミッレト制（オスマン朝）、外港（アケメネス朝におけるフェニキア諸都市）、外国人居留地などであり、近代以降はさらに先進技術導入を目指し、先進国からの専門家の招請（お雇い外国人）と教育の普及、留学、外国政商・企業の利用、企業誘致、産業スパイなど、はては先進教養の受容といった、広範な、思い切った手段をとる場合もあった。

周辺国を従属させるために、科学技術の水準、あるいは諸産業において最先進国である必要はない。列強に伍した軍事力を持つだけで十分である。専制国家の軍事戦略は、基本的には、兵士の損害を顧みず大量の軍を駆使することであり、そのために、人口大国であることを要する。近世以後の専制国家は農業国家であり、人口大国であった。その数的優位がある限り、西欧列強に伍した軍事力を持つだけで、周辺諸国には十分な脅威であった。それを実現してみせたのがピョートル一世ということになる。

だが、軍事力は包括的な概念であり、単に軍事技術や軍事産業のみに支えられているのではない。産業革命以後、西欧列強の攻勢（帝国主義）の前に、専制国家はほぼ抗し得なくなる。西欧列強の攻勢に抗し、それに追いつき・さらに追い越す試みこそが、資本主義的な世界システムから離脱する原因となった二〇世紀の社会主義革命であった。彼らの革命は、非専制化とその挫折、再専制化への道を歩む。再専制化は、軍事大国化でもあった。

彼らの世界システムへの復帰は、失敗に終わった彼らの試み、先進諸国を追い越す戦略から、先進諸国に追いつく戦略への復帰でもあった（だが、彼らはその試みを最終的に放棄したのではない）。それは、思いがけず欧米先進諸国の歓迎を受ける。その後の推移は、紆余曲折はあれ、比較的順調だったといえる。そして、今、われわれは繁栄した専制国家を見ている。

専制国家の閉じたサイクル「非専制化→その挫折→再専制化」は今後も続くであろう。専制国家が世界史の動向を左右する、あるいは専制国家の振る舞いが周辺諸国を脅かす、という可能性は今後も消えることはない。自由主義陣営、欧米列強が、一九世紀帝国主義列強のように、専制国家をコントロールするなどという状況が戻ってくることはない。それ以上に、自由主義陣営、欧米列強が、専制国家に対し今日のような力関係を、今後も長期にわたって維持し得る保証もない。それらを踏まえ、今後、いかに強大な専制国家と対峙していくか、その非専制化への歩みをどのように促すのか、保守革新、左右両翼など従来の枠組みに関わりなく、問われている。

参考文献

足立啓二『専制国家史論』柏書房、一九九八年
伊東孝之他『ポーランド・ウクライナ・バルト史』山川出版社、一九九八年
岩本真利絵『明代の専制政治』京都大学学術出版会、二〇一九年
ウォーラーステイン『史的システムとしての資本主義』川北稔訳、岩波書店、一九九七年
梅原郁『皇帝政治と中国』白帝社、二〇〇三年
大室幹雄『園林都市――中世中国の世界像』三省堂、一九八五年
川本芳明『中国の歴史5　中華の崩壊と拡大』講談社学術文庫、二〇二〇年
菊池秀明『太平天国　皇帝なき中国の挫折』岩波新書、二〇二一年
黒川祐次『物語ウクライナの歴史――ヨーロッパ最後の大国』中公新書、二〇一三年
栗生沢猛夫『タタールのくびき』東京大学出版会、二〇〇七年
黄仁宇『万暦十五年』稲畑耕一郎他訳、東方書店、一九八九年
下斗米伸夫『宗教・地政学から読むロシア』日本経済新聞出版社、二〇一六年

チェルニャーフスキイ『ツァーリと民衆』中村正己訳、論創社、二〇〇一年
土肥恒之『ロシア・ロマノフ王朝の大地』講談社学術文庫、二〇一六年
中村逸郎『帝政民主主義国家ロシア――プーチンの時代』岩波書店、二〇〇五年
ハルパリン『ロシアとモンゴル』中村正己訳、図書新聞、二〇〇八年
ファイジズ『クリミア戦争』上下、染谷徹訳、白水社、二〇一五年
藤本猛『風流天子と「君主独裁制」』京都大学学術出版会、二〇一四年
古松崇志『草原の制覇――大モンゴルまで』岩波新書、二〇二一年
宮崎市定『雍正帝　中国の独裁君主』中央公論社、一九九六年
モンテフィオーリ『ロマノフ朝史 1613-1918』上下、染谷徹訳、白水社　二〇二一年
ラリュエル『ファシズムとロシア』浜由樹子訳、東京堂出版、二〇二二年
ロートマン『ロシア貴族』桑野隆他訳、筑摩書房、一九九七年
ワース『ロシア農民生活誌　1917-1959』荒田洋訳、平凡社、一九八五年
渡辺信一郎『天空の玉座 中国古代帝国の朝政と儀礼』柏書房、一九九六年
Ostrowski, *Muscovy and the Mongols*, Cambridge University Press, 1998.
Vernadsky, *Mongols and Russia*, Yale University Press, 1953.

あとがき

既にウィットフォーゲルによる序文、さらに福本による重厚なる解説によって、本書の持つ学術的意味については十分に説明し尽くされており、さらなる屋上屋を重ねるようなことは、本来、「あとがき」においては差し控えるべきであろう。とはいえ、ロシア・マルクス主義の父とされるプレハーノフの理解したマルクスの「アジア的生産様式」論にとって、「アジア的復古」という概念にこそ、その言葉に内包された最も本質的な意味があることを、ここでは指摘させていただきたい。

ロシア社会民主労働党のストックホルム大会（一九〇六年）でレーニンは、土地の国有化がふたたび農民を土地に束縛しロシアの「アジア的遺制」を活気づけ、いわゆる「アジア的復古」を招くであろうと主張したプレハーノフとの間で激しい討論を繰り広げていた。だが、その場におけるレーニンは、本書でマルクスが理解していたような深淵なるレベルで、ロシアの「アジア的」遺産については十分、理解していなかった。たしかに彼が、ツァーリ・ロシアを「半アジア的」とするマルクスの解釈を基本的に受け入れ、中国の辛亥革命（一九一一年）に際しても「アジア的中国」、「アジア的大統領」といった言葉を使い、また一九一四年にもロシアの東洋的専制主義について「生きている現実」として言及しつつ、アジア的社会、アジア的生産様式、東洋的専制主義の概念を支持していたのは事実である。だが、やがて彼は「アジア的」な用語を避けるようになり、その代替として「中世的」、「家父長的」、「前資本主義的」といった言葉を用いて、基本的な考え方を変化させていった。このあとに続いたのが、スターリンによる『弁証法的唯物論と史的唯物論』（一九三八年）での「五段階発展説」であり、さらにこれに基づいてまとめられたのが、毛沢東の『中国革命と中国共産党』（一九三九年）である。つまり、ここで「アジア的」なものは世界史の発展をめぐる公式見解から排除され、それ以来、この「単線的」発展段階論が中国共産史においても公式見解として定着し、今日にまで至っている。こうした「アジア的」なものの概念を再発見しつつ、自らの主著である『オリエンタル・デスポティズム』（一九五七年）でそれを全面展開していったのが、他ならぬウィットフォーゲルであった。

マルクスは、一八五〇年代に著した「イギリスのインド支配」、「イギリスのインド支配の将来の結果」（インドにおけるイギリスの二重の使命）などの評論において、アジアの「遅れた」諸民族・諸国家にとって、資本主義化、植民地化は不可避であると論じていた。つまり、その資本主義化＝植民地化を媒介にしてはじめて、「前近代的」政治経済システムがより現実的に「破砕」できるのであり、ここではそうしたポジティブで、かつ限定的な意味でのみ、いわば「例外的」植民地化が肯定されていたということである。だが、晩年のマルクスは、そうした考え方を一部変更しつつ、アジアの遅れた諸民族・諸国家による資本主義を「跳び越えて」の社会主義への発展を認めていった。すなわち、いわゆる「ザスーリチの手紙への回答」においてマルクスは、ロシアが資本主義（＝カウディナ山道）を越えて社会主義に至ることが可能であると承認したが、このことこそが、西欧を中心とする社会主義革命とは異なった、アジア社会に「独自な」社会主義への道を可能にし、二〇世紀のロシア革命と中国革命がまさにそのマルクス晩年の構想の正しさを実証するものとして理解されたのである。

この議論は中国においても、ポスト鄧小平時代であるこの二十年余りの間に、「カウディナ山道の超克」（跨越卡夫丁峡谷）論としてさまざまに繰り広げられてきた。しかも、ここできわめて興味深いのは、これらの「論争」がポスト天安門事件期における党＝国家による独裁的支配の強化と、国家資本主義の高度成長の中で行われていた、という事実である。とはいえ、マルクス自身は「もしロシア革命が西欧プロレタリアート革命にたいする合図となって、両者がたがいに補いあうなら、現在のロシアの土地共有制は共産主義的発展の出発点となることができる」（『共産党宣言』ロシア語版序文、一八八二年）と述べていたのであり、この両者の互いに補うことが――その是非はさしおいても――高度に緊密な関連を持った世界革命の「同時性」について述べたものである以上、ここで主導的な働きをなすのは周辺の「遅れた」諸国家ではなく、中心の「先進的」資本主義の成果を継承した西欧プロレタリアートであり、「遅れた」国家・民族はそれに依拠しなければ「跳び越え」自体があり得ないことになるであろう。それゆえに、マルクスにおいては、やはり第一義的には「前近代的なもの」に対して「近代的なもの」がポジティブなものとして対置されていたということになる。

このコンテクストでいえば、ウィットフォーゲルが本書の「序文」において、「新しい労働者組織」が国際政治の側面で向き合うべき課題としてそのロシアとの関係性を論じていたことは、きわめて大きな潜在的意味を持っている。それはすなわち、イギリスをはじめとする「近代的経済国家」の支配者たちのロシアに対する「恥知らずの喝采」、「見せかけの同情」、「愚かな無関心」によって、「ロシアの暴挙」が容認されてきたという事実をめぐって問われている。マルクスにとって、ヨーロッパの上流階級に抵抗されずに突き進んでいくロシアのとてつもない侵入に対抗できる力とは、唯一、「新たな協同的生産様式を目指す組織労働者」のみであった。ここでウィットフォーゲルは、『経済学批判要綱』におけるマルクスが、既に「強制的」結社と「自発的」結社の違いについて触れたうえで、「協働的システム」における「協同労働」をめぐる成果を称賛しつつ、それを「原理的には優れており」、かつ「実践的には役に立つ」と指摘しているのである。これは既述の「ザスーリチの手紙への回答」によって示されたマルクスのロジックの一貫性を論証する、ウィットフォーゲルによる学術的貢献の一つとして高く評価できるポイントであろう。

さらに「アジア的」なものをめぐる問題性を社会思想史的に遡ってみれば、一九世紀初頭以降のロシアでは、当時のドイツ・ロマン主義の影響を受けて、西欧派とスラヴ派の間で嵐のような論争が引き起こされていたことにわれわれは気づく。しかも、それは今日の中国におけるリベラル派と新左派の論争を想起させるような展開過程を示しているのである。すなわち西欧派は、ロシアが合理主義、法による支配、個人の尊重に基づいた秩序に向かって、つまり西欧の路線に沿って発展すべきであると考える一方、スラヴ派はピョートル大帝の西欧化を否定し、ロシア国家独特の精神的、温情主義的な道に戻ることがむしろ近代ロシアが歩むべき道であると主張した。たとえば、西欧派の代表的論者であったチャーダーエフ（一七九四〜一八五六）は、あたかもマルクスがロシアを「半アジア的」ととらえたように、ロシアがヨーロッパの東に位置していることを認めつつも、しかし東洋の一部ではないとして、時代の権威に跪くアジアの従順な知性がその絶対的服従のために世界史の初期に衰弱し、新たな運命に気づかないまま沈黙したのだ、と指摘している（デイヴィド・シンメルペンニンク・ファン・

デル・オイェ『ロシアのオリエンタリズム』浜田樹子訳、成文社、二〇一三年）。

　こうした視点は、マルクスと同時代のヨーロッパ啓蒙主義による「中国贔屓《びいき》」に対するある種の思想的転換期の特徴を示しているだけでなく、ロマン主義の思想家たちがそれらに抗いつつも、専制的で進歩を知らない世界の一部として中国を批判していたこととも重なり合っている。しかも、それは「アジア的」なものをめぐるマルクスの根本意想にすら通じるものがあるという点でもきわめて興味深い。だが、ここで問うべきなのは、過去の思想的傾向それ自体としての問題ではなく、世界史という名のマクロ・ヒストリーのレベルにおいて、たとえば鄧小平を最高指導者とする中国で起きた天安門事件をどのように捉えるべきなのか、そしてプーチン大統領統治下のロシアで起きたウクライナ戦争をどう理解すべきなのか、ということである。これまでソ連共産党、および中国共産党の正統史観からは完全に黙殺されてきた、この一八世紀イギリスの秘密外交文書をめぐりマルクスによって再構成された歴史的事実をいかにしてアクチュアルに評価すべきなのだろうか。これについては、今や本書を読んだうえでの読者の判断に委ねるしかないであろう。

　本書の出版は、上記のような歴史理論的立場からのラディカルな問題提起をしてみたいという思いから、急遽、新たな訳業、編集作業として、比較的短い時間で成し遂げられた。とはいえ、それはわれわれ二人で作業したことによる生産性の高さを示しているなどというものではけっしてなく、むしろ本書を最初に翻訳し、出版した石堂清倫氏（一九〇四～二〇〇一）の功績によることは、ここでどれだけ強調しても、強調しすぎることはない。しかも、この訳業を引き継ぎたいと自ら志願したことには、単に二人とともに石堂氏の著作や訳書の熱心な読者だったというにとどまらず、多かれ少なかれ、個人的なつながりがあったことも背景にある。もっとも、福本は石堂氏の自宅を訪ね、直接、中国革命史について教えを受けたことがあるが、石井は石堂氏の晩年、尾崎秀実をテーマにした講演会で、ただ一度だけお目にかかる機会に恵まれたという程度にすぎないものではある。

その略歴について簡単に記しておけば、一九三四年に日本評論社に入社した石堂氏は、編集者として活躍する中で、「ゾルゲ事件」で死刑となる尾崎秀実らと知り合っている。(ちなみに、ロシアでは昨今、ゾルゲの評価が急速に高まっているが、その一つの背景として、プーチン大統領が二〇二〇年一〇月、タス通信のインタビューに対して「高校生の頃、ゾルゲのようなスパイになりたかった」と話し、それがKGBに入る主な動機であったことをはじめて明かしたという事実が指摘されている)。数々の書籍の編集や翻訳を手掛けたのち、一九三八年には満鉄調査部に入社し、その本社のある大連では、甘粕正彦の関東州労務協会に関与している。一九四三年の第二次満鉄事件で逮捕、投獄されたのち、翌一九四四年には釈放されたものの、一九四五年五月、関東軍二等兵として動員された。同年八月、ハルビン郊外の兵営で終戦を迎え、召集が解除されると、大連のソ連司令部と折衝するなど、在留日本人引き揚げに尽力する中で、やがて中華人民共和国の成立を中国国内で目撃することとなった。

石堂氏は一九四九年一〇月に帰国すると、『マルクス＝エンゲルス全集』、『レーニン全集』、『スターリン全集』など、マルクスやレーニンの諸文献の翻訳に精力的に従事したものの、いわゆる「構造改革論」を提唱していったことで、やがて日本共産党を除名され、同党とは一線を画していく。さらに、同氏は一九七七年、荒畑寒村、宮内勇らとともに運動史研究会を結成し、全一七巻におよぶ『運動史研究』(三一書房)を刊行した。その後、グラムシ研究会を創設し、イタリア語を習得し、『グラムシ獄中ノート』（三一書房、一九七八年）など、アントニオ・グラムシの翻訳・紹介に努め、またイタリア共産党で「構造改革論」を唱えたパルミーロ・トリアッティなどを紹介している。他にもロイ・メドヴェージェフ『共産主義とは何か』（三一書房、一九七三年）など、ソ連の異端派とされる社会主義者、コミュニストらによる多くの著作を翻訳したことで知られている。こうした経歴からしても、本書を訳し、出版したことは、いわばウィットフォーゲルのように、反スターリンの立場を貫いてきた石堂氏ならではの業績であったといえる。反スターリン主義者である石堂氏が『スターリン全集』を翻訳したというのはなんとも皮肉な運命であるが、それについて本人は、その遺書である『二〇世紀の意味』（平凡社、二〇〇一年）で、『マルクス＝エンゲルス全集』、『レーニン全集』が商業ベースで出版されたものの、『スターリン全集』は日本共産党直営によって出されていることを明かしている。さらに、メドヴェージェフの著作によって実際にスターリン主義であったものが「マルクス・レーニン主義」と称されてきたにすぎないことが明らかになると、日本共産党は自信を失って「科学的社会主義」という言葉を使うようになったが、スターリン主義については明確な自己批判をおこなっているわけではないと指摘している。

さて、本書の翻訳作業についてであるが、それは第一段階として、まず石堂氏による訳文を原文と丁寧に比較検討するところから始まった。まず、その作業ですぐに気づいたことだが、石堂氏の翻訳は原文に即して、逐語的に、そしてきわめて的確に翻訳されており、文法的にも一文の構造が正確に理解されたうえで、かつ正しい日本語で翻訳されているだけでなく、訳語の選び方についても、学術的に十分裏付けられ、かつ専門分野での用語にも細かく配慮されたものであった。したがって、われわれの翻訳は、それらの作業のために充てられたであろう石堂氏の労力と時間を追体験しながら、過去におこなわれた一連の作業に対して最大の敬意を払いつつも（とりわけ当時の外交文書やパンフレットについては、その史料性に鑑みて石堂氏の翻訳に最大限基づき、用字の統一と明らかな誤訳の訂正など微修正にとどめている）、石井と福本による相互のチェックを経て、最終的にはわれわれ独自の判断で、新たなる訳文として再構成されたといっていい。とりわけ、もともと長文で読みにくいマルクスの英文については、比較的に読みやすい文章に改めるべく、われわれとしては最大限の努力をしてきたつもりである。とはいえ、その出来ばえの評価についても、最終的にはやはり読者の判断に委ねるしかない。

また、ウィットフォーゲルによる序文（Karl Marx, *Enthüllungen zur Geschichte der Diplomatie im 18. Jahrhundert*; übersetzt von Elke Jessett und Iring Fetscher ; herausgegeben und eingeleitet von Karl August Wittfogel; mit einem Vorwort von G.L. Ulmen; Suhrkamp: Frankfurt am Main, Germany, 1981.）の訳出にあたっては、同じウィットフォーゲル研究仲間の一人である周雨霏氏（帝京大学講師）による全面的協力を得ている。とくに、日本語への最初の訳出作業は、ほとんど周氏の作業に負うものであったといっても過言ではない。というのも、私はこの訳文を基に、逆に今度はドイツ語の原文に立ち戻りつつ、これまでのウィットフォーゲル研究の経験上、既に理解しているその思考法に即したうえで、さらに日本語らしい文章、あるいは専門用語に改めるという作業を周氏とともに繰り返しながら、最終稿として仕上げていったにすぎないからである。この意味では、たしかに名目上の共訳者とはいえ、作業の総量としては明らかに周氏の貢献度の方が大きかったことをここで心からの感謝の言葉とともに記しておきたい。とはいえ、この編集責任は、共訳者と編者とを兼ねている石井に帰すものであることはいうまでもない。さらに、この序文の本書での掲載に際しては、既にウィットフォーゲルのすべての著作について、その著作権を保有しているウルメン氏（ウィットフォーゲル唯一の弟子）によって、ウィットフォーゲルの著作を石井が自由に使うことを既に二〇一二年の時点で許可されていることを付記しておきたい。また、一部のラテン語の訳については、同僚である石黒太郎氏（明治大学商学部教授）のお世話になった。なお、翻訳の担当としては、既述のように序（ウィットフォーゲル）が石井と周による共訳で、さらに一、二、四章が石井訳、三、五、六章が福本訳となっているが、事実上は石井と福本の共訳に近いといえる。

今回の出版に際しては、本書の歴史的性格と社会的背景に鑑み、急遽、緊急出版扱いとして特別なご配慮をいただいた白水社、とりわけ編集担当の竹園公一朗氏に対しては、格別なる謝意を表さなければならない。このマルクスの歴史的著作がこれまで長年たどってきた不幸な運命のように、同社と竹園氏による全面的な支援なくしては、本書は出版の日の目を見ることはできなかったはずである。また、石堂氏による最初の訳業であった本書を、他社からの新たな訳書としての再出版を快く認めてくださった三一書房に対しても、共訳者を代表して心からのお礼を申し述べたい。

最後に、本書の出版は、日本学術振興会の科学研究費賛助事業基盤研究Ａ：「中国農民工の組織化をめぐるガバナンス構造の変容――中華全国総工会と労働ＮＧＯとの関係性をめぐり」（二〇二〇～二〇二四年）の研究成果の一部として実現できたことを記しておきたい。

二〇二三年二月二四日

明治大学国際労働研究所にて
石井知章

著訳者略歴

カール・マルクス（Karl Marx, 1818–1883）

プロイセン王国（ドイツ）出身の哲学者、経済学者、歴史学者であり、社会主義革命、労働運動に大きな影響を与え、近代資本主義的政治経済の理論的解明に生涯を捧げた。他方、『資本論』に結実する研究の傍ら、1850 年代、資本の文明化作用を阻むアジア的社会の研究から、東洋的専制主義を発見する。クリミア戦争下に構想された本書は、ロシア的専制の起源に東洋的専制を見たため、マルクス主義者によって忌避された幻の論考である。

カール・アウグスト・ウィットフォーゲル（Karl August Wittfogel, 1896–1988）

ドイツ出身の歴史家。フランクフルト大学を卒業後、フランクフルトの社会研究所で中国研究に従事し、1920 年代以降、コミンテルンの中国専門家として知られるようになる。ナチスの政権掌握後、アメリカへ亡命。その後、マルクス主義から距離を置く。『オリエンタル・デスポティズム』（1957 年）は、専制の基底に大規模灌漑を要する「水力世界」を見いだし、ソ連、中国などの社会主義を東洋的専制の復活と見た。

石井知章（いしい・ともあき）

1960 年生まれ。早稲田大学大学院政治学研究科博士課程修了。政治学博士。（社）共同通信社記者、ILO（国際労働機関）職員を経て、現在、明治大学商学部教授、早稲田大学大学院政治学研究科兼任講師。コロンビア大学客員研究員（2017–2018 年）、スタンフォード大学客員研究員（2007-2008 年）。主な著作として、『中国社会主義国家と労働組合――中国型協商体制の形成過程』御茶の水書房、2007 年、『現代中国政治と労働社会――労働者集団と民主化のゆくえ』御茶の水書房、2010 年（日本労働ペンクラブ賞受賞）、石井知章編著『現代中国のリベラリズム思潮』藤原書店、2015 年、石井知章・緒形康・鈴木賢編著『現代中国と市民社会』勉誠出版、2016 年、石井知章・及川淳子共著『六四と一九八九――習近平帝国とどう向き合うのか』白水社、2020 年など。

福本勝清（ふくもと・かつきよ）

1948年生まれ。明治大学文学部史学地理学科東洋史専攻卒。明治大学名誉教授。主な著作として、『中国革命への挽歌』亜紀書房、1992年、『中国共産党外伝——歴史に涙する時』蒼蒼社、1994年、『中国革命を駆け抜けたアウトローたち——土匪と流氓の世界』中公新書、1998、『アジア的生産様式論争史——日本・中国・西欧における展開』社会評論社、2015年、『マルクス主義と水の理論——アジア的生産様式論の新しき視座』社会評論社、2016年、福本勝清編著『中西功尋問調書』亜紀書房、1996年など。

周雨霏（しゅう・うひ）

2018年大阪大学大学院人間科学研究科博士後期課程修了。博士（人間科学）。大阪大学大学院文学研究科（現：人文学研究科）特任助教、ドイツ日本研究所専任研究員を経て、現在、帝京大学外国語学部国際日本学科専任講師、立教大学法学部兼任講師。主要業績に、「卡尔·奥古斯特·魏特夫的早期思想与“東洋社会論”」『中国社会歴史評論』（第17号、2016年）、「戦前・戦中期日本のアジア社会論における〈アジア的なもの〉——概念の形成と意味の変遷」『日本思想史学』（第48号、2016年）、‘The Concept of ‘Oriental Despotism’ in Modern Japanese Intellectual Discourse,’ *The International History Review*（2022年11月）などがある。

人名索引

あ

か行

さ行

た行

な行

は行

ま行

や行

ら行

関連年表

1237	タタールのくびき（～ 1462）
1462	イヴァン三世がモスクワ大公に（～ 1505）
1478	イヴァン三世がノヴゴロド共和国を併合
1480	モスクワ公国、金張汗国への貢納停止
1502	金張汗国滅亡
1533	イヴァン雷帝（四世）が即位
1547	雷帝が「ツァーリ」の称号を用いる
1553	英、白海（アルハンゲリスク）を通じてモスクワ国家と通商開始
1613	ロマノフ朝成立
1617	英の調停によりストルボヴォ条約 ロシアはスウェーデンにバルト海沿岸、スウェーデンはノヴゴロドを返還
1655	第一次北方戦争（～ 1659）
1658	スウェーデンとデンマークがロスキルデ講和
1659	ロシアとスウェーデンがヴァリエサール休戦条約
1660	コペンハーゲン条約・オリーヴァ条約 バルト海におけるスウェーデン覇権確認
1682	ピョートル一世即位
1686	ロシアが対オスマン帝国「神聖連合」に加わる（クリミア遠征は失敗）
1697	ピョートル一世が第一次西欧外遊（～ 1698）
1700	大北方戦争（～ 1721）。ナルヴァの戦いでロシアがスウェーデンに敗北
1703	ピョートル一世がペテルブルク造営に着手

1704	ピョートル一世がバルト艦隊を創設
1706	ロシアがカムチャツカを領有
1709	ポルタヴァの戦い。戦局がロシアに好転
1711	プルト条約により、ロシアはアゾフをオスマン帝国に返還
1713	モスクワからペテルブルクに遷都
1714	ロシアがフィンランド侵入。バルト海の制海権を確立
1717	ピョートル一世が第二次西欧外遊
1721	ニスタット条約により大北方戦争終結
1725	ピョートル一世没。エカチェリーナ一世即位
1727	ロシアと清の境界を定めるキャフタ条約 ピョートル二世即位
1730	アンナ女帝即位
1734	英露通商条約
1734	ロシアがオスマン帝国と戦う（～ 1739）
1739	コンスタンティノープル条約 ロシアがオスマン帝国からドニエプル下流域獲得
1740	イヴァン六世即位
1741	ロシアがスウェーデンと戦う（～ 1743） エリザベータ即位
1743	オーボ講和条約で、ロシアはスウェーデンのフィンランド領獲得
1762	エカチェリーナ二世即位
1768	第一次露土戦争（～ 1774）
1773	プガチョフ農民反乱（～ 1774）
1774	露土講和条約で、ロシアは黒海進出
1780	米独立戦争で露が英に武装中立宣言
1783	ロシアがクリミア併合
1787	第二次露土戦争（～ 1792）
1795	ポーランド分割

一八世紀の秘密外交史

ロシア専制の起源

二〇二三年四月一〇日　第一刷発行
二〇二三年七月二〇日　第二刷発行

著者　カール・マルクス
　　　カール・アウグスト・ウィットフォーゲル
編訳者 ©　石井知章
　　　　　福本勝清
訳者 ©　周雨霏
発行者　岩堀雅己
印刷所　株式会社三陽社
発行所　株式会社白水社
東京都千代田区神田小川町三の二四
電話　営業部〇三（三二九一）七八一一
　　　編集部〇三（三二九一）七八二一
振替　〇〇一九〇・五・三三二二八
郵便番号　一〇一・〇〇五二
www.hakusuisha.co.jp
乱丁・落丁本は、送料小社負担にてお取り替えいたします。

加瀬製本

ISBN978-4-560-09494-5
Printed in Japan